Extra Graphic Material From: www.freepik.com
Thanks to: Alekksall, Starline, Pch.vector, Rawpixel.com, Vectorpocket, Dgim-studio, Upklyak, Macrovector, Stockgiu, Pikisuperstar & Freepik.com Designers

This Book Comes With Free Bonus Puzzles
Available Here:

BestActivityBooks.com/WSBONUS20

5 TIPS TO START!

1) HOW TO SOLVE

The Puzzles are in a Classic Format:

- Words are hidden without breaks (no spaces, dashes, ...)
- Orientation: Forward & Backward, Up & Down or in Diagonal (can be in both directions)
- Words can overlap or cross each other

2) ACTIVE LEARNING

To encourage learning actively, a space is provided next to each word to write down the translation. The **DICTIONARY** allows you to verify and expand your knowledge. You can look up and write down each translation, find the words in the Puzzle then add them to your vocabulary!

3) TAG YOUR WORDS

Have you tried using a tag system? For example, you could mark the words which have been difficult to find with a cross, the ones you loved with a star, new words with a triangle, rare words with a diamond and so on...

4) ORGANIZE YOUR LEARNING

We also offer a convenient **NOTEBOOK** at the end of this edition. Whether on vacation, travelling or at home, you can easily organize your new knowledge without needing a second notebook!

5) FINISHED?

Go to the bonus section: **MONSTER CHALLENGE** to find a free game offered at the end of this edition!

Want more fun and learning activities? It's **Fast and Simple!**
An entire Game Book Collection just **one click away!**

Find your next challenge at:

BestActivityBooks.com/MyNextWordSearch

Ready, Set... Go!

Did you know there are around 7,000 different languages in the world? Words are precious.

We love languages and have been working hard to make the highest quality books for you. Our ingredients?

A selection of indispensable learning themes, three big slices of fun, then we add a spoonful of difficult words and a pinch of rare ones. We serve them up with care and a maximum of delight so you can solve the best word games and have fun learning!

Your feedback is essential. You can be an active participant in the success of this book by leaving us a review. Tell us what you liked most in this edition!

Here is a short link which will take you to your order page.

BestBooksActivity.com/Review50

Thanks for your help and enjoy the Game!

Linguas Classics Team

1 - Antiques

```
R V M K R Y A A A N Í I C Í D S
E L B E U M T Y R X Í N A G E I
S S U B A S T A U T O V L V Y G
T A B J K X X F T O E E I E Z L
A D N P O T R D L R B R D N W O
U A T H R Y M Í U V U S A D U Z
R C M Y D E A L C J V I D E N T
A É G J T U C S S I J Ó W R G T
C D A F Q C G I E V S N E U X S
I D L U T L Z T O G L S G U Q L
Ó G E T N A G E L E R W W X N G
N K R L S U O V I T A R O C E D
S O Í W W S L I T E E R H R H T
O Q A A Q U W E S A D E N O M A
H T X W P N L J E T B G Q Z Í A
G W S T O I Z O C I T N É T U A
```

ARTE   INVERSIÓN
SUBASTA   JOYAS
AUTÉNTICO   VIEJO
SIGLO   PRECIO
MONEDAS   CALIDAD
DÉCADAS   RESTAURACIÓN
DECORATIVO   ESCULTURA
ELEGANTE   ESTILO
MUEBLE   VENDER
GALERÍA   INUSUAL

2 - Food #1

```
C Q E F R E S A A R E P T Q C A
E X N S A C A N I P S E H S A L
B N S N J Z T B R E P R P B N B
O Y A Ó Ú M Ú U O J A I Y I E A
L G L M I T N C H I M O Í L R
L H A I G C A C A H A B L A A I
A J D L F X F D N R M A N Í T C
M W A R H F I Q A F P N W I M O
P B J K P P J C Z B L E N C X Q
J Í V F Y X Q J V Y E P X P S U
B A F P Y I C T B Í C C S A L E
Y S O I H X I A F J H T A S M R
J U G O Q A I U Í J E D B O M B
S J G U X E C L G E Q J L P J V
T Í X F Y E B J J Í H W D A J G
E V Y K H T K J U D L K P L S I
```

ALBARICOQUE	MANÍ
CEBADA	PERA
ALBAHACA	ENSALADA
ZANAHORIA	SAL
CANELA	SOPA
AJO	ESPINACAS
JUGO	FRESA
LIMÓN	AZÚCAR
LECHE	ATÚN
CEBOLLA	NABO

3 - Measurements

```
O I A P J O W I S B T C Í J R K
D F L Í U R B J E V T M X R Y I
E D T V D L E G X Í O H A A G L
C F U N V M G T J V N M C S D O
I O R T I L A A D E E E T C A G
M M A C I H U M D V L T L E D R
A A R L U G U D E A A R S N I A
L R Z P Y Í N Z X N D O O T D M
I G G R A D O O B H A F N Í N O
W T Q U H Q V Q L A J N Z M U H
P M I N U T O Q B Y T E A E F C
K I L Ó M E T R O P R M Í T O N
P L Q Í K B V Í R X O U Z R R A
E U B I D E R A H X P L U O P P
S X Q Q H E F L Í M U O O O U G
O I Í W S B L X E C U V J L G M
```

BYTE
CENTÍMETRO
DECIMAL
GRADO
PROFUNDIDAD
GRAMO
ALTURA
PULGADA
KILOGRAMO
KILÓMETRO

LONGITUD
LITRO
MASA
METRO
MINUTO
ONZA
TONELADA
VOLUMEN
PESO
ANCHO

4 - Farm #2

```
Y  J  T  C  Y  B  C  Q  X  C  W  E  Í  A  V  E
Z  U  R  G  A  D  A  R  R  C  B  R  P  G  E  S
Q  A  A  J  E  V  O  J  E  N  U  L  R  R  G  N
H  L  C  M  O  L  I  N  O  C  N  B  A  I  E  U
F  P  T  J  A  V  B  T  I  A  E  I  D  C  T  H
Í  P  O  R  E  N  A  R  G  Q  K  R  O  U  A  U
J  R  R  W  A  N  I  M  A  L  E  S  L  L  L  E
O  Y  T  Z  T  X  Y  G  M  H  H  J  E  T  B  R
C  O  R  D  E  R  O  S  A  Í  D  A  C  O  Z  T
C  E  B  A  D  A  T  G  D  A  A  L  H  R  E  O
F  R  U  T  A  Y  A  R  I  E  G  O  E  Y  S  J
L  L  A  M  A  T  P  S  M  R  U  D  F  T  Y  C
P  Y  V  M  E  R  F  X  O  L  S  N  J  Z  H  A
H  Q  R  R  E  I  W  V  C  Z  N  Y  W  Z  J  M
H  I  B  S  T  G  E  I  F  C  N  X  S  G  A  V
P  S  X  F  T  O  C  V  G  M  A  Í  Z  D  I  Y
```

ANIMALES	LLAMA
CEBADA	PRADO
GRANERO	LECHE
MAÍZ	HUERTO
PATO	OVEJA
AGRICULTOR	CRECER
COMIDA	TRACTOR
FRUTA	VEGETAL
RIEGO	TRIGO
CORDERO	MOLINO

5 - Books

```
P O T E E F X W N H Q C E S L T
H O P O E M A J A I T O T W E Í
U I E P M L A D R S R N N M C I
Q R S S I D P Y R T Á T E I T J
Y A Í T Í B J F A O G E N J O A
X R K A Ó A P J D R I X I D R V
R E P U G R Y E O I C T T A L E
I T R T A X I E R A O O R A J N
N I D O L U K C P N O V E L A T
V L A R V S S E O O M U P Q T U
E N D E S C R I T O P Y J R W R
N Ó I C C E L O C T E E O G K A
T F L H U M O R Í S T I C O L G
I K A Í V B S N Y F J T L J D K
V S U O Y E E H Z O J M Y L Z K
O L D P Á G I N A X D D I M Z D
```

AVENTURA
AUTOR
COLECCIÓN
CONTEXTO
DUALIDAD
EPOPEYA
HISTÓRICO
HUMORÍSTICO
INVENTIVO
LITERARIO

NARRADOR
NOVELA
PÁGINA
POEMA
POESÍA
LECTOR
PERTINENTE
HISTORIA
TRÁGICO
ESCRITO

6 - Meditation

```
N Z G U E F D B H E A C R P U D
Z A P Z U B G O Á M C O Z E P E
I C T D L X I A B O E M W N R S
A I Z U T S Z V I C P P O S E P
T S E T R A X I T I T A V A S I
D Ú P I D A Í T O O A S N M P E
D M U T J T L C S N C I P I I R
M O U A R D H E Í E I Ó C E R T
A E B R Í F A P Z S Ó N A N A O
P X N G N D Q S Í A N S L T C V
R Y P T C L A R I D A D M O I Y
E A U N E A Q E P A A P A S Ó B
N O U Q Z T K P P H C D I D N K
D X R N T N X S C Z Z W N E Y Í
E O O T N E I M I V O M N O X U
R I S B H M S I L E N C I O B I
```

ACEPTACIÓN
DESPIERTO
RESPIRACIÓN
CALMA
CLARIDAD
COMPASIÓN
EMOCIONES
GRATITUD
HÁBITOS
BONDAD

MENTAL
MENTE
MOVIMIENTO
MÚSICA
NATURALEZA
PAZ
PERSPECTIVA
SILENCIO
PENSAMIENTOS
APRENDER

7 - Days and Months

```
A R B Z K T J A C R Q K P E W C
G D X Z O I L U J O L I G Q M F
O I R A D N E L A C J H Í Z V Z
S E T R A M Y Í N S U M W K C H
T S Í E B Q M X K K E W P R H D
O E E U Á I U B U M V L M C M Y
Ñ M V L S E N U L E E M A R Z O
A A O I O I X C Y S S T R V G T
A N C F E C S E P T I E M B R E
B A T I K R R X S M R L X Q H B
R F U Y I S N É X Q B H J G A E
I M B Q Z S B E I G Í Z C W Z N
L B R M J V T V S M X W K X U E
F X E U E U N O V I E M B R E R
F E B R E R O G N I M O D Q S O
U Í D I I G Í X R Y Q Q K J I Y
```

ABRIL
AGOSTO
CALENDARIO
FEBRERO
VIERNES
ENERO
JULIO
MARZO
LUNES
MES

NOVIEMBRE
OCTUBRE
SÁBADO
SEPTIEMBRE
DOMINGO
JUEVES
MARTES
MIÉRCOLES
SEMANA
AÑO

8 - Energy

```
M C V X Í S N Z L B R C Í C Q X
O A J I L Í U G H T E O M O Q T
T Í I J E O R H K M N N Q M T E
O P R R H N J F O X O T S B U L
R O L A C D T P N Q V A O U R D
N R V E N Y I O N A A M L S B I
O T A L U I X E F Í B I Z T I X
S N P C R U L F S R L N E I N F
H E O U G N I O G E E A Y B A O
K L R N J Ó Í U S T L C A L J T
E L É C T R I C O A G I R E B Ó
N Y D B Y T S C K B G Ó W T X N
Í W U Q Q C A W R J Q N T Z H F
A T Í J R E C A R B O N O K K D
D R M X M L I N D U S T R I A Z
V J J C C E H I D R Ó G E N O M
```

BATERÍA

CARBONO

DIESEL

ELÉCTRICO

ELECTRÓN

ENTROPÍA

COMBUSTIBLE

GASOLINA

CALOR

HIDRÓGENO

INDUSTRIA

MOTOR

NUCLEAR

FOTÓN

CONTAMINACIÓN

RENOVABLE

VAPOR

SOL

TURBINA

VIENTO

9 - Archeology

```
M O I T Y W Z Í G Í R C M B C D
G I W O D I C O N O C S E D I E
V I S D A B O F M Í B S R O V S
O X O T D F D E K W Í M O B I C
V H S I E E A J X W H R D J L E
J I E G Ü R D G Í P A S A E I N
S F U F G C I C P F E Z G T Z D
N Ó H Y I X V O E K Q R I O A I
G S O V T G L W D X G K T S C E
P I N Q N S O G U G Y O S O I N
X L T Z A O W Í V I F Y E P Ó T
F R A G M E N T O S P S V I N E
R E L I Q U I A B M U T N U U G
T E M P L O U G I T N A I Q A R
A N Á L I S I S U X X W R E U E
G V E V A L U A C I Ó N L E I H
```

ANÁLISIS
ANTIGUO
ANTIGÜEDAD
HUESOS
CIVILIZACIÓN
DESCENDIENTE
ERA
EVALUACIÓN
EXPERTO
OLVIDADO

FÓSIL
FRAGMENTOS
MISTERIO
OBJETOS
RELIQUIA
INVESTIGADOR
EQUIPO
TEMPLO
TUMBA
DESCONOCIDO

10 - Food #2

```
P N W H L T G L G V A V W T Q M
I L O C Ó R B U I L Z S R R U A
S G Á N Q G L B M C N D N I E N
E W Í T E N G F J G S D C G S Z
T X B W A N E J N E R E B O O A
A Z T P N N T Q P S E E R Í I N
H J Í Y A F O H C A C L A A P A
B F O Q L C Í L U Y O G U R A A
P F T W X E T Y L J G G Y K H R
Z Y D J W R S H H O T O M A T E
J A M Ó N E W H N J P D E F E I
P J Y L Q Z E I S U V A B E S R
Q W B R H A U I O F Í C T O D V
M J A R R O Z V H C B S K I W I
G S E S A P T Q A H U E V O Í S
C H O C O L A T E A C P O Z G Y
```

MANZANA
ALCACHOFA
PLÁTANO
BRÓCOLI
APIO
QUESO
CEREZA
POLLO
CHOCOLATE
HUEVO

BERENJENA
PESCADO
UVA
JAMÓN
KIWI
SETA
ARROZ
TOMATE
TRIGO
YOGUR

11 - Chemistry

```
Q W E O S E P O N O B R A C P Q
D K N X O Z K N T U Z W M F E S
H V Z Í S F K I E V C A Q O H D
J L I G O K U L M W R L V Í C O
A Y M E K F B A P V P D E T T R
H T A N F K L C E Z C I S A G G
S I Ó O W L D L R O L A C Q R Á
I N D M K A L A A S V F W C A N
W L W R I L R K T A Q J U I L I
T L G H Ó C O F U L C G Y V U C
T A F O H G O E R G A Í Q A C O
Q D A T N W E W A F T N Í N É D
B N M D G Q S N O D I U Q Í L I
E L E C T R Ó N O R O L C R O C
C Q C W W J Z P E M N Q Y V M Á
I P Í G C A T A L I Z A D O R U
```

ÁCIDO	HIDRÓGENO
ALCALINO	ION
ATÓMICO	LÍQUIDO
CARBONO	MOLÉCULA
CATALIZADOR	NUCLEAR
CLORO	ORGÁNICO
ELECTRÓN	OXÍGENO
ENZIMA	SAL
GAS	TEMPERATURA
CALOR	PESO

12 - Music

```
E M U B L Á A B Q X Z C C O M Y
C Z E O Í C H L U T W G A C I X
S O C L X L Y L K V G S N X C N
A G V G O C I N Ó M R A T H R I
U I Q T C D L M L J E Í A L Ó W
P R E O I S Í J F E G N N Í F A
X S Q C S W X A S Q C O T R O Z
M Z P I Á C A N T A R M E I N Q
U Q O T L F R S Í C P R Z C O Y
S E É C C V O C A L W A S O T K
I T T É I M C O B R Í T M I C O
C Q I L S S P C A G M H Q I L W
A G C C I G Ú Q L C C Ó P E R A
L B O E V W V M A D L O M T I R
I I D K X A P E D I H U R R E P
S U B Í N Ó I C A B A R G O M H
```

ÁLBUM	MUSICAL
BALADA	MÚSICO
CORO	ÓPERA
CLÁSICO	POÉTICO
ECLÉCTICO	GRABACIÓN
ARMÓNICO	RITMO
ARMONÍA	RÍTMICO
LÍRICO	CANTAR
MELODÍA	CANTANTE
MICRÓFONO	VOCAL

13 - Family

```
M H O H C N Q D Q F I H A G W S
A A N A M R E H G I O E N Í T O
O Í D L K O V R F C T R T G Í B
R T T R S N Í A D M E M E B O R
X I K Q E S H W S A R A P X L I
O Y L V I X V I K T P N A R E N
M A T E R N O Ñ I N N O S J U O
S I K H F N P L P P P T A U B W
O C L F K V L A E O R E D X A J
B N P A T E R N O Q O I O D J V
R A S O P S E P O K Y N M Z I P
I F V R R U W Y J X X K U O H K
N N U Y W A T F M B H O J Q Z Q
A I C N I Ñ O S M A R I D O K Y
N M U Í E I T D L V M M J Í G E
Z U F V X H I P D D J X T F I Í
```

ANTEPASADO
TÍA
HERMANO
NIÑO
INFANCIA
NIÑOS
PRIMO
HIJA
PADRE
ABUELO

NIETO
MARIDO
MATERNO
MADRE
SOBRINO
SOBRINA
PATERNO
HERMANA
TÍO
ESPOSA

14 - Farm #1

```
P  Q  E  T  C  U  E  R  V  O  R  R  U  B  F  T
M  J  S  E  S  B  C  U  M  V  P  E  R  R  O  T
V  D  Z  R  C  Z  Í  H  X  I  L  R  N  H  F  E
A  C  J  N  B  I  S  O  N  T  E  A  G  Q  K  Q
L  N  A  E  F  E  R  T  I  L  I  Z  A  N  T  E
L  W  A  R  P  O  O  A  G  S  M  H  J  L  Í  W
A  X  G  O  Z  O  R  R  A  A  L  C  E  P  R  S
K  Y  R  C  Z  G  L  E  J  L  T  K  B  S  N  Í
U  R  I  Í  A  B  F  L  Q  L  X  O  A  K  H  J
Z  O  C  F  Í  B  W  R  O  I  G  O  A  G  U  A
K  G  U  P  G  O  A  S  E  M  J  K  C  M  V  Q
R  Í  L  H  E  N  O  L  F  E  M  X  A  C  Q  Í
G  T  T  Í  H  T  J  P  L  S  X  Z  B  A  B  B
G  K  U  R  Z  N  H  I  A  O  K  L  R  M  R  R
Z  E  R  I  V  A  C  A  R  G  O  N  A  P  S  I
I  M  A  W  H  C  D  I  K  D  Z  C  X  O  Q  H
```

AGRICULTURA	VALLA
ABEJA	FERTILIZANTE
BISONTE	CAMPO
TERNERO	CABRA
GATO	HENO
POLLO	MIEL
VACA	CABALLO
CUERVO	ARROZ
PERRO	SEMILLAS
BURRO	AGUA

15 - Camping

```
L Y C A C U E R D A N I B A C A
S U O Í V A A T B F U E G O I V
O O N R W C N E H I G V O G N E
M B W A Z A C I U F A M B A S N
B R D P P M T I M T H K Z L E T
R Ú B R Y A Q N P A V H N T C U
E J O A W H M Ó W I L A L T T R
R U S C F B X I P F S E H Y O A
O L Q T H N Y S Z Z P M S U V Á
M A U N A T U R A L E Z A I T R
I B E G O S B E C A N O A X B B
W N F D O M X V M O N T A Ñ A O
Q Í U U E K D I Y O Z A G Q G L
M X J O A G W D K N N O N V T E
P Í T Í N A J H B H O S G C M S
T S J Í J U Y R G O Y P Z S B M
```

AVENTURA	CAZA
ANIMALES	INSECTO
CABINA	LAGO
CANOA	MAPA
BRÚJULA	LUNA
FUEGO	MONTAÑA
BOSQUE	NATURALEZA
DIVERSIÓN	CUERDA
HAMACA	CARPA
SOMBRERO	ÁRBOLES

16 - Algebra

```
G S M E F E Y K L Z U J G N K K
Í B A Z U A X Í H Z P P E Ú Q L
F B T Z O D C P O L N G O M V I
V D R Y J G G T O S L A F E A N
N Ó I C C A R F O N W N G R R E
J W Z T A Y N H X R E A A O I A
S I M P L I F I C A R N Y D A L
R D J P U P S C V M O Ó T I B E
E I M C M B N E Z A Y I P E L C
S Y W B R L Z R O R W S X Z E U
T X C X Ó C B O O G S I X Y X A
A B B M F S V M Q A B V R L Q C
A D I C I Ó N O T I N I F N I I
S O L U C I Ó N H D R D X L G Ó
E P R O B L E M A H U Z G J E N
Í Z P P A R É N T E S I S Í K A
```

ADICIÓN	LINEAL
DIAGRAMA	MATRIZ
DIVISIÓN	NÚMERO
ECUACIÓN	PARÉNTESIS
EXPONENTE	PROBLEMA
FACTOR	SIMPLIFICAR
FALSO	SOLUCIÓN
FÓRMULA	RESTA
FRACCIÓN	VARIABLE
INFINITO	CERO

17 - Numbers

```
H I L Q U I N C E T E I S C D W
L T A O Í N F T O V K W I U I T
L D M H U N O Z Y Q V S E A E R
D N I A D K U U B M Z E S T C E
O S C E T E I S I C E I D R I C
S I E V C C D E T N I E V O S E
M T D E V I A R M D D G D C É V
B W Z U O Y O T M T Y H O N I E
Í D J N Y C J C O V X H C I S U
X I S I N Í H U H R G W E C D N
K Y R C P F U O M O C I L J V X
X U N E E F Y G Q O Í E X I U Q
U O C I H J M H T X L Z N W E I
Í C O D Í N A J K L W Í A B P C
X H K Y A S W P A L J I O A C S
Y X J X M S G B V K B H Y K M Í
```

DECIMAL	SIETE
OCHO	DIECISIETE
DIECIOCHO	SEIS
QUINCE	DIECISÉIS
CINCO	DIEZ
CUATRO	TRECE
CATORCE	TRES
NUEVE	DOCE
DIECINUEVE	VEINTE
UNO	DOS

18 - Spices

```
C Q W A W U Y Q S Í N A M R V V
Y A Y A L L I N I A V D K V K U
E A R A Z A F R Á N L C G V B O
Q X R D T P R T R H C O V A L C
W K U I A I K O Z I I M J N A E
E E C J Y M C P U N L I N A M R
X M V K K M O L A O A N V L A G
C E B O L L A M T J N O D E R O
P I M E N T Ó N O O T B G N G N
Í R Q G L R Q U F F R Q Y A O E
U G A M J P D C R S O Q E C L F
S O U U B X D P D A Z L W Q N Y
N V Z V F W A N Y B L U O Q W K
X Y A X I C G C N O T R T T F B
A D U L C E D C E R B I G N E J
N U E Z M O S C A D A U T P C A
```

ANÍS	SABOR
AMARGO	AJO
CARDAMOMO	JENGIBRE
CANELA	NUEZ MOSCADA
CLAVO	CEBOLLA
CILANTRO	PIMENTÓN
COMINO	AZAFRÁN
CURRY	SAL
HINOJO	DULCE
FENOGRECO	VAINILLA

19 - Mammals

```
J  C  X  L  P  E  R  R  O  N  O  M  K  O  C  H
Y  I  A  A  K  X  Q  O  J  P  Y  X  O  A  O  U
U  O  R  L  N  U  C  T  P  A  G  L  E  G  Y  O
C  J  S  A  Í  T  B  S  C  O  N  E  J  O  O  H
V  O  T  M  F  U  Y  A  W  E  Ó  N  E  R  T  Q
M  H  M  Z  L  A  A  C  G  C  E  P  H  O  E  Y
O  M  R  S  E  T  N  A  F  E  L  E  U  T  K  X
Q  I  I  S  D  I  E  Z  O  R  R  O  F  J  L  H
T  C  A  B  A  L  L  O  G  B  G  X  U  B  L  R
G  W  F  Y  I  O  L  S  F  O  N  Q  M  C  O  F
L  A  A  W  Z  J  A  M  I  Z  R  I  V  J  B  Í
C  E  T  K  C  E  B  O  K  N  L  I  K  S  O  O
U  D  V  O  L  P  P  V  Q  P  Q  O  L  P  H  A
H  C  E  B  R  A  S  E  L  K  E  S  L  A  S  Y
C  A  N  G  U  R  O  J  I  O  C  O  K  R  L  X
L  H  A  Y  V  A  H  A  M  B  H  R  F  L  N  C
```

OSO	GORILA
CASTOR	CABALLO
TORO	CANGURO
GATO	LEÓN
COYOTE	MONO
PERRO	CONEJO
DELFÍN	OVEJA
ELEFANTE	BALLENA
ZORRO	LOBO
JIRAFA	CEBRA

20 - Restaurant #1

```
É G A N I C O C C W E W U C I I
F U T Í S E R C A I L E E O N U
A F E J Y P E U M N P Q Q M G O
C S L S U A J C A X E O V E R T
P O L L O N A H R Q X Z R R E B
I T I A E O C I E W L J T W D A
E A V R S J T L R G P X W R I M
B L R F H V A L A N O B M R E K
A P E C F G D O K Y N D X E N K
P O S T R E I E Y G Q O C S T A
X H Q J T Z M E N Ú Z L M E E L
Y X L S V H O B B Ó S K V R S E
S U D L O Z C W E E Z G J V K R
P I C A N T E F P K C A L A Z G
Í I M N R A X E L F R H T F I I
Z N C A R N E K H C M X M H V A
```

ALERGIA	CUCHILLO
TAZÓN	CARNE
PAN	MENÚ
CAJERO	SERVILLETA
POLLO	PLATO
CAFÉ	RESERVA
POSTRE	SALSA
COMIDA	PICANTE
INGREDIENTES	COMER
COCINA	CAMARERA

21 - Bees

```
W Y H S A N E M L O C N V W U R
J N G U K E T R S R O L F L Q J
S Q H U M L D B K E M V Q J E S
O G B L O O S O I C I F E N E B
L D R D H P Q B J K D Q R Q W T
Q Y K R S Y Q Í S V A T U R F E
I P O L I N I Z A D O R L S P C
A N J A R D Í N H R E I N A L O
B W S E R O L F E Á T Z L R A S
U O X E I Í K Z D C B D Z E N I
E O E X C A Í R I C T I G C T S
M S L T G T V W D H P C T M A T
M O S F C B O M I E L X C A S E
D I V E R S I D A D G E P Í T M
E N J A M B R E C T G B T W R A
J R A F B Z M N E D J V L Z Í D
```

BENEFICIOSO	MIEL
FLOR	INSECTO
DIVERSIDAD	PLANTAS
ECOSISTEMA	POLEN
FLORES	POLINIZADOR
COMIDA	REINA
FRUTA	HUMO
JARDÍN	SOL
HÁBITAT	ENJAMBRE
COLMENA	CERA

22 - Adventure

E	Í	O	I	R	A	R	E	N	I	T	I	D	S	A	Q
B	E	L	L	E	Z	A	X	E	X	D	E	I	O	C	N
N	B	P	Q	O	O	T	C	N	C	D	U	F	R	T	N
P	A	N	C	P	D	O	U	P	V	L	W	I	P	I	A
R	Í	T	D	A	D	I	R	U	G	E	S	C	R	V	V
E	R	V	U	U	N	F	S	N	S	O	P	U	E	I	E
P	G	D	I	R	N	B	I	M	Í	P	E	L	N	D	G
A	E	E	R	A	A	C	Ó	N	D	O	L	T	D	A	A
R	L	S	C	Í	J	L	N	K	W	R	I	A	E	D	C
A	A	T	X	T	I	E	E	B	D	T	G	D	N	C	I
C	K	I	K	N	N	X	S	Z	O	U	R	F	T	V	Ó
I	N	N	W	E	U	N	O	U	A	N	O	S	E	S	N
Ó	O	O	Í	L	S	X	G	W	X	I	S	R	P	V	K
N	Z	Í	O	A	U	M	I	I	F	D	O	W	G	Í	Í
L	O	R	A	V	A	D	M	K	J	A	D	G	A	B	E
N	U	E	V	O	L	O	A	V	K	D	C	W	V	K	G

ACTIVIDAD
BELLEZA
VALENTÍA
OPORTUNIDAD
PELIGROSO
DESTINO
DIFICULTAD
EXCURSIÓN
AMIGOS
ITINERARIO

ALEGRÍA
NATURALEZA
NAVEGACIÓN
NUEVO
PREPARACIÓN
SEGURIDAD
SORPRENDENTE
VIAJES
INUSUAL

23 - Sport

```
R A Z I M I X A M L Q J D S C O
N E B L V L T Q A M A R G O R P
Í U S O S E U H M Ú A E C M D R
L N T I M E T A V S T N I E E E
A R Y R S N O P D C L T C T P U
I E Y N I T P B O U E R L A O C
B A I L E C E Q Q L T E I B R U
D U L A S P I N F O A N S Ó T N
E I I I Q A L Ó C S P A M L E J
N G E S W Y Q O N I D D O I S A
K C T T W M C L Q H A O J C C P
W O K R A R I P S E R R D O W Í
C A P A C I D A D Q H O N V A E
Q P U N U N W O V J T X M D W H
W B V C R M M N L K F U E R Z A
N A D A R R L V Y U P C Y J F Q
```

CAPACIDAD	SALUD
ATLETA	MAXIMIZAR
CUERPO	METABÓLICO
HUESOS	MÚSCULOS
ENTRENADOR	NUTRICIÓN
CICLISMO	PROGRAMA
BAILE	DEPORTES
DIETA	FUERZA
RESISTENCIA	RESPIRAR
META	NADAR

24 - Restaurant #2

```
D O E P C D H W L S Z B Y H J D
Z E K Y E T X I A R A H C U C Z
F G L W N U J V B C P L P E E K
T T D I A G C A U C O S W V R D
K Z W U C J X Í A A S I R O I V
C S U D O I P H G L A L H S F V
P A S T E L O Z U M I L Q C J S
W T Í Y F I C S A U C A F E B J
E N S A L A D A O E E B J A E B
Í G M Z B A W R F R P R Y O B R
T E N E D O R U R Z S O E D I F
P Í N T S Q B D U O E U L A D T
J B A B P U A R T U P E W C A Y
H F A C M K R E A U L Y N S U N
H I E L O A Z V K N C M U E C F
C A M A R E R O U G P C L P U A
```

BEBIDA
PASTEL
SILLA
DELICIOSO
CENA
HUEVOS
PESCADO
TENEDOR
FRUTA
HIELO

ALMUERZO
FIDEOS
ENSALADA
SAL
SOPA
ESPECIAS
CUCHARA
VERDURAS
CAMARERO
AGUA

25 - Geology

```
C  W  Í  Í  N  T  Q  S  E  L  A  T  S  I  R  C
P  I  E  D  R  A  V  O  L  C  Á  N  R  A  O  Z
I  C  I  V  O  P  G  H  E  V  K  C  I  S  L  S
J  K  P  F  K  A  Q  S  E  L  A  R  E  N  I  M
W  A  T  I  T  C  A  L  A  T  S  E  G  H  G  C
S  N  Q  T  R  A  I  D  E  R  O  S  I  Ó  N  U
V  R  V  X  N  L  Z  H  F  R  G  I  Z  X  T  A
M  E  S  E  T  A  V  A  L  O  S  É  E  Í  E  R
C  V  L  E  X  V  E  O  L  Z  Í  G  N  D  R  Z
M  A  S  C  O  N  T  I  N  E  N  T  E  C  R  O
Q  C  L  C  I  C  L  O  S  A  G  T  P  X  E  H
K  T  R  C  D  W  Z  C  B  E  F  F  C  T  M  O
K  A  U  X  I  U  J  N  J  Í  K  Ó  I  M  O  M
C  O  R  A  L  O  D  I  C  Á  H  V  S  Z  T  Y
Z  Q  U  Q  M  Q  N  O  R  S  R  Í  D  I  O  D
N  B  B  S  V  X  R  Í  Y  E  T  C  S  H  L  C
```

ÁCIDO	GÉISER
CALCIO	LAVA
CAVERNA	CAPA
CONTINENTE	MINERALES
CORAL	MESETA
CRISTALES	CUARZO
CICLOS	SAL
TERREMOTO	ESTALACTITA
EROSIÓN	PIEDRA
FÓSIL	VOLCÁN

26 - House

```
Z C S Í C J I I D Z B C X E D Q
G W Y C F O S I P H I H B S X J
Z N R M Y J C Y X B B I R C G V
Á T I C O E T I Q D L M X O Z C
J Q V G Í P E R N U I E U B A W
G X W H I S C S P A O N U A W H
C T Í T V E H X V K T E H L A Y
P R W R E N O Y Y V E A Z L G N
K L W B S E V A L L C I S A M T
N Í D R A J R D P X A K A V L R
X V E C N A L J U U Í W E A P N
A Q L B I R K U D C E C E Í A Y
H A B I T A C I Ó N H R V K R V
S U E J R G M F Z A N A T N E V
E O U W O V L Á M P A R A A D W
Y B M Í C M I Z N H S J B M B P
```

ÁTICO
ESCOBA
CORTINAS
PUERTA
VALLA
CHIMENEA
PISO
MUEBLE
GARAJE
JARDÍN

LLAVES
COCINA
LÁMPARA
BIBLIOTECA
ESPEJO
TECHO
HABITACIÓN
DUCHA
PARED
VENTANA

27 - Physics

```
D M Í C F W U V E L O C I D A D
M G X A L R Z N Ó I S N A P X E
J A U O L Y E E I B A D K O J A
S H S S E N B C U V G N G W N F
X R X A F Ó L D U G E Ó J S I O
D A D I V I T A L E R R B Q F N
J E N D F C D H W Í N T S E O L
V L X J T A R M G E D C N A A O
Z C A C P R G S F A M E I D L I
J U P X V E K Z L G F L Q A U Á
R N M J W L Y R A E R E Í D C T
O M S I T E N G A M J F E I Í O
T W X G J C F Ó R M U L A S T M
O P O L Í A L U C É L O M N R O
M E C Á N I C A K A F O O E A K
B Q U Í M I C O P B J I G D P K
```

ACELERACIÓN
ÁTOMO
CAOS
QUÍMICO
DENSIDAD
ELECTRÓN
MOTOR
EXPANSIÓN
FÓRMULA
FRECUENCIA

GAS
MAGNETISMO
MASA
MECÁNICA
MOLÉCULA
NUCLEAR
PARTÍCULA
RELATIVIDAD
UNIVERSAL
VELOCIDAD

28 - Dance

```
T C N G D C E T Y K U U U Z M T
Q N T W Y U Y V E I O W O Q Í W
A Z L C C L L F U F V T T C C E
S L B P F T A D B L I V N R U H
U A E C E U N O Y A S N E V L T
Q U L G A R O C P R E Ó I S T B
B G Z T R A I I L T R I M O U S
R U S S A E C S Z E P C I C R V
C Í A G S R I Á R R X O V I A I
G R A C I A D L X I E M O O L S
P O S T U R A C B C T E M P J U
C O R E O G R A F Í A M F R X A
M Ú S I C A T Y K O F V O E J L
K M B U C R R G L B N U J U A M
T J Y C P M B A I M E D A C A L
N Q Y X Í J H I J S W L H D Í M
```

ACADEMIA	ALEGRE
ARTE	SALTAR
CUERPO	MOVIMIENTO
COREOGRAFÍA	MÚSICA
CLÁSICO	SOCIO
CULTURAL	POSTURA
CULTURA	ENSAYO
EMOCIÓN	RITMO
EXPRESIVO	TRADICIONAL
GRACIA	VISUAL

29 - Coffee

```
U N M X V Q M P T Q A A T E K L
C L R S A B O R M L M R A M R Í
M C K S N N K T Y A A O Z U A Q
Í K V L Í E H C E L R M A D Z U
A Í B C E G B N A U G A U Y Ú I
O R R R F R E E X F O Z W K C D
B T H E A O V G B A S A D O A O
Á B L M C L I I D I M D R X R B
C H E A Q Z Z R S E D O F T I F
I D K B Z M S O A L I A L X U I
D O S K E P R E C I O N Z E S L
O Q I M W R M L A R R A F C R T
T C C O Í O Í F P L E Ñ S A S R
H X B P L Z Y K G E O A D F H O
Z D Z F Í E F R K L Y M W D C L
K V H N D U Y H U F H S L F I W
```

ÁCIDO	MOLER
AROMA	LÍQUIDO
BEBIDA	LECHE
AMARGO	MAÑANA
NEGRO	ORIGEN
CAFEÍNA	PRECIO
CREMA	ASADO
TAZA	AZÚCAR
FILTRO	BEBER
SABOR	AGUA

30 - Colors

```
C A G A U Q D Z R Z I P I F S V
A M R P K E C J P O J O R U E I
R A U H T O Y Z M C S Z Q C P O
M R L S D Í Í G S N E A P S I L
E I A J N S D R Q A P R A I A E
S L B A Z U L I T L R U Z A L T
Í L I E J O A S M B T P C G N A
Í O H D I B O W Z X G R U Q G J
V X X A D G I B Y E Q Ú C I A N
O J P C I Í E S Y L X P O Y M A
N J N M C L Z S K M P Q M B A R
D Í N D I G O R G E N A Q E R A
R D L Y F A Í Y V E R D E V R N
B O D M A G E N T A C L N H Ó R
Z D I W Q R F Z Í O Í Q E A N S
R T L P G X H N F L J Í I S I O
```

AZUR
BEIGE
NEGRO
AZUL
MARRÓN
CARMESÍ
CIAN
FUCSIA
VERDE
GRIS

ÍNDIGO
MAGENTA
NARANJA
ROSA
PÚRPURA
ROJO
SEPIA
VIOLETA
BLANCO
AMARILLO

31 - Shapes

```
R H H W R Q K O R D N I L I C B
N A U C O N O V L Í N E A I H S
W R V W H G O A V R U C M N I Z
I C H E S P I L E E K C S A P N
P O B Y V N R I U J X U I O É I
M O D A R D A U C G C B R O R S
E L L E S Q U I N A N O P K B V
S U I Í P F T Y O A U Á Y L O L
F C O O G S Y E K H J Y T Y L A
E R B V S O B O R D E S L C A D
R Í O L U G N Á I R T U H H E O
A C U U D N R O Y M Í G I V X R
P I R Á M I D E E H I P F R P B
C O X L G M A J M I N Í E C X A
C K E I H I P F O O Z A W C U T
R F D M R T H D H Z C L Z E M Q
```

ARCO
CÍRCULO
CONO
ESQUINA
CUBO
CURVA
CILINDRO
BORDES
ELIPSE
HIPÉRBOLA

LÍNEA
OVAL
POLÍGONO
PRISMA
PIRÁMIDE
RECTÁNGULO
LADO
ESFERA
CUADRADO
TRIÁNGULO

32 - Scientific Disciplines

```
A S T R O N O M Í A P F M T N V
Z P Z O O L O G Í A C I E E E S
L I N G Ü Í S T I C A S C R U O
E A C I N Á T O B T Í I Á M R C
C Í N Q U Í M I C A G O N O O I
O G O A B O O O J P O L I D L O
L O E I T M B V B O L O C I O L
O L A Í G O L O E G O G A N G O
G O N O D O M A A A N Í I Á Í G
Í I I B O W F Í Í S U A A M A Í
A B G B P M O Q A S M B D I A A
B I O Q U Í M I C A N U Y C A H
O L W A Í G O L O C I S P A J G
A R Q U E O L O G Í A N R Í X C
C Y W K I N E S I O L O G Í A W
M I N E R A L O G Í A W O Y Q V
```

ANATOMÍA
ARQUEOLOGÍA
ASTRONOMÍA
BIOQUÍMICA
BIOLOGÍA
BOTÁNICA
QUÍMICA
ECOLOGÍA
GEOLOGÍA
INMUNOLOGÍA

KINESIOLOGÍA
LINGÜÍSTICA
MECÁNICA
MINERALOGÍA
NEUROLOGÍA
FISIOLOGÍA
PSICOLOGÍA
SOCIOLOGÍA
TERMODINÁMICA
ZOOLOGÍA

33 - Science

```
O M S I N A G R O C L I M A N N
I F U S A Z B M E R P D X C S S
O L O F T H E C H O U O A P E I
H O C E U Q E N O M O T Á T K V
G V I T R S V P I S S N O S O H
Z I F T A S O G R A V E D A D S
M L Í E L H L N O L M M U L J I
Y I T M E P U K T U G I E U E S
L S N I Z S C J A C P R G C X E
I Ó E E A Í I P R É S E I Í O T
V F I W R I Ó T O L F P G T P Ó
T B C A S A N P B O Í X F R X P
M É T O D O L I A M S E X A P I
T J I I T O O E L Q I C S P Í H
Q R N N R I X H S O C I M Í U Q
P L A N T A S K C I A M E V H L
```

ÁTOMO

QUÍMICO

CLIMA

DATOS

EVOLUCIÓN

EXPERIMENTO

HECHO

FÓSIL

GRAVEDAD

HIPÓTESIS

LABORATORIO

MÉTODO

MINERALES

MOLÉCULAS

NATURALEZA

ORGANISMO

PARTÍCULAS

FÍSICA

PLANTAS

CIENTÍFICO

34 - Beauty

```
C O S M É T I C O S Y X I W T M
R Í Z E E S T I L I S T A Í G A
E T N A G E L E G L A Y Q H D Q
N E P B G J P J J T R C G E U
C L R X R C H A M P Ú I W F O I
A E O H I O Y R Z B Q A Z Y Z L
N G D P I E L X L W H C F O V L
T A U H G R S O I C I V R E S A
O N C L Q M Z J C T U Í A Z E J
B C T Q R Í M E L J I Í Z M T E
P I O Q A F E P P N G J Í D I B
T A S T N A Q S S J M J E Q E E
G R A C I A Q E E P O O K R C H
O C P I N T A L A B I O S V A G
U N M F E F O T O G É N I C O S
Z E F Z R V Í F R A G A N C I A
```

ENCANTO	RÍMEL
COLOR	ESPEJO
COSMÉTICOS	ACEITES
RIZOS	FOTOGÉNICO
ELEGANCIA	PRODUCTOS
ELEGANTE	TIJERAS
FRAGANCIA	SERVICIOS
GRACIA	CHAMPÚ
PINTALABIOS	PIEL
MAQUILLAJE	ESTILISTA

35 - Clothes

```
X  J  X  L  F  G  P  F  Z  J  B  Q  V  N  M  Q
P  C  A  M  I  S  A  A  A  M  L  S  O  B  A  J
C  A  M  A  J  I  P  L  P  U  J  D  G  C  N  I
R  S  N  M  O  D  A  D  A  Í  G  X  I  V  O  C
X  Y  A  T  Z  S  U  A  T  K  F  A  R  P  F  Y
S  E  T  N  A  U  G  T  O  R  E  R  B  M  O  S
U  C  N  T  D  L  S  U  É  T  E  R  A  J  P  C
B  L  U  S  A  A  O  D  I  T  S  E  V  J  U  I
G  J  G  K  H  A  L  N  C  Z  R  L  S  E  L  N
B  U  F  A  N  D  A  I  E  H  M  Y  D  A  S  T
S  W  T  I  S  G  P  W  A  S  A  J  E  N  E  U
Y  C  R  H  F  W  Z  K  Í  S  M  Q  Y  S  R  R
J  O  Y  A  S  K  B  U  T  U  H  A  U  C  A  Ó
C  J  T  O  Z  N  K  A  N  K  H  V  D  E  K  N
D  E  L  A  N  T  A  L  U  D  F  Q  O  R  T  R
P  N  F  P  F  N  Q  Í  Y  F  D  P  V  N  M  A
```

DELANTAL	JEANS
CINTURÓN	JOYAS
BLUSA	PIJAMA
PULSERA	PANTALONES
ABRIGO	SANDALIAS
VESTIDO	BUFANDA
MODA	CAMISA
GUANTES	ZAPATO
SOMBRERO	FALDA
CHAQUETA	SUÉTER

36 - Ethics

```
F  S  A  B  I  D  U  R  Í  A  I  C  D  T  B  D
A  I  C  N  A  R  E  L  O  T  C  O  I  G  O  I
G  L  L  I  C  X  G  K  P  A  P  M  G  R  N  P
S  E  R  O  L  A  V  Z  C  W  A  P  N  A  D  L
L  Í  D  N  S  Y  E  T  O  O  C  A  I  Z  A  O
A  E  A  Ó  Í  O  Í  O  J  J  I  S  D  O  D  M
L  T  D  I  M  T  F  D  R  X  E  I  A  N  V  Á
V  N  I  C  F  P  M  Í  A  D  N  Ó  D  A  I  T
A  E  L  A  O  I  V  W  A  D  C  N  F  B  F  I
G  L  A  R  M  T  P  H  F  P  I  R  O  L  C  C
H  O  N  E  S  T  I  D  A  D  A  N  H  E  H  O
C  V  O  P  R  E  A  L  I  S  M  O  A  U  J  O
O  E  I  O  M  S  I  M  I  T  P  O  D  M  N  U
R  N  C  O  I  N  T  E  G  R  I  D  A  D  U  X
T  E  A  C  R  E  S  P  E  T  U  O  S  O  H  H
T  B  R  A  L  T  R  U  I  S  M  O  T  H  T  A
```

ALTRUISMO	OPTIMISMO
BENEVOLENTE	PACIENCIA
COMPASIÓN	FILOSOFÍA
COOPERACIÓN	RACIONALIDAD
DIGNIDAD	REALISMO
DIPLOMÁTICO	RAZONABLE
HONESTIDAD	RESPETUOSO
HUMANIDAD	TOLERANCIA
INTEGRIDAD	VALORES
BONDAD	SABIDURÍA

37 - Insects

```
M G B A M H U B V H Í F M G R N
A U V H V O O J A B A R A C S E
N S M C V I S R K V B W R D Z R
T A I A I W S Q M Í L R I M Y L
I N S R F R E P U I K X Q Y I I
S O U A V R A L A I G S U S Z B
I L Í C P U L G A M T A I A P É
Z A W U T E R M I T A O T L Y L
C N L C Á F I D O Q R M A T M U
K G Y K Q N Ó P S I V A J A A L
K O U X M Q T O Z C L R E M R A
T S F X S E G L U Í Z R B O I D
N T Q Í B F X I Z E R A A N P I
S A O O W D K L D R Y G E T O Y
H B B G C M Y L S T P I F E S O
C U A T M V K A K I F C A S A E
```

HORMIGA	AVISPÓN
ÁFIDO	MARIQUITA
ABEJA	LARVA
ESCARABAJO	LANGOSTA
MARIPOSA	MANTIS
CIGARRA	MOSQUITO
CUCARACHA	POLILLA
LIBÉLULA	TERMITA
PULGA	AVISPA
SALTAMONTES	GUSANO

38 - Astronomy

```
M H Q W R P L A N E T A T A H A
C E F S J A V O N R E P U S U S
M N T C F P D O O C N K A T U T
N U X E G A E I A W V Í F R G R
Ó E L U O R A R A Y B C D Ó A O
I Y C W T R S O C C G E I N L N
C O H E T E O T L I I S B O A A
A A Z S M I L A U C E Ó U M X U
L S O P X T U V N Y F L N O I T
E T D I Z Y B R A G T L O X A A
T E Í L I Z E E C W J Y G E Q S
S R A C U T N S O M S O C X L B
N O C E K V A B G C C Y U V B C
O I O O I C C O N I U Q E Q S G
C D Í L H H I Í N V T K B Í C L
O E D S W S A T É L I T E U U Y
```

ASTEROIDE
ASTRONAUTA
ASTRÓNOMO
CONSTELACIÓN
COSMOS
TIERRA
ECLIPSE
EQUINOCCIO
GALAXIA
METEORO

LUNA
NEBULOSA
OBSERVATORIO
PLANETA
RADIACIÓN
COHETE
SATÉLITE
CIELO
SUPERNOVA
ZODÍACO

39 - Health and Wellness #2

```
A V P A N Ó I C A R E P U C E R
J F O X P V Q E V T N K C N U I
N Ó I C C E F N I A E R H Q E Q
A T A Í M O T A N A R R O M U H
N L N F M D O I E D G R S J H I
I H E E H J S K T J Í Y P D I W
M G E R D I E T A O A Í I A G U
A W U G G Í P Q J Í F S T D I H
T F S N Ó I C I R T U N A E E C
I Í I A R F A I P O Y T L M N A
V X Q S É R T S E Í I H H R E L
S A L U D A B L E N S S P E J O
G E N É T I C A Í K N I R F I R
U U O V Y Q L T G Í Q Y F N N Í
Z D Q I V S N Q Y I L M L E O A
D F Q H D A Y G V P U A S Y L I
```

ALERGIA
ANATOMÍA
APETITO
SANGRE
CALORÍA
DIETA
ENFERMEDAD
ENERGÍA
GENÉTICA
SALUDABLE

HOSPITAL
HIGIENE
INFECCIÓN
MASAJE
HUMOR
NUTRICIÓN
RECUPERACIÓN
ESTRÉS
VITAMINA
PESO

40 - Disease

```
P H X H A I P A R E T U E P Y R
A S N I T N N W B I F L B D A E
T Í N Z P F Í Z N I M S P S F S
Ó C W I D L A N I M O D B A K P
G B E K N A Í T A P O R U E N I
E A M Z N M D V U T P X H G C R
N C O I R A T I D E R E H E O A
O T R Í O C C L N L E F P N R T
S E D Z S I X R U U D L Y É A O
I R N R F Ó Y R Ó M M Í K T Z R
D I Í F B N D A V N B N M I Ó I
Q A S Q D K U Z U A I A I C N O
I N K F R E L I B É D C R O C V
Z O C O N T A G I O S O A Y K G
U H U E S O S A I G R E L A U E
C U E R P O B V D Z X U G Q O G
```

ABDOMINAL	HEREDITARIO
ALERGIAS	INMUNIDAD
BACTERIANO	INFLAMACIÓN
CUERPO	LUMBAR
HUESOS	NEUROPATÍA
CRÓNICA	PATÓGENOS
CONTAGIOSO	RESPIRATORIO
GENÉTICO	SÍNDROME
SALUD	TERAPIA
CORAZÓN	DÉBIL

41 - Buildings

```
X H C E L M D O E K A U D H G A
Q O P O W U U W F S Y Q Q T R L
C S C F H T G S I Á R Z C S A B
N P A P R A C Í E Q B Í Q N N E
Z I B I L E O S R O T R O J E R
O T I X P I W Y R J J D I K R G
T A N Q J V Z G O F Y V M C O U
N L A U M Q L T T V U X Í X A E
E C A S T I L L O V B K M V T N
M S S U P E R M E R C A D O E I
A Í C L A B O R A T O R I O A C
T R F U Y H L F V E Z H I D T A
R Í J B E E M B A J A D A N R Y
A F Í Q R L E T O H I M M M O Y
P B H O I D A T S E Q H B A O M
A A A O B S E R V A T O R I O H
```

APARTAMENTO
GRANERO
CABINA
CASTILLO
CINE
EMBAJADA
FÁBRICA
HOSPITAL
ALBERGUE
HOTEL

LABORATORIO
MUSEO
OBSERVATORIO
ESCUELA
ESTADIO
SUPERMERCADO
CARPA
TEATRO
TORRE

42 - Philanthropy

```
A T F G N H O N E S T I D A D G
E U Q K R N E C E S I T A R A E
C V X K M U Y C C F S N D R D N
K J N I Q M P C W Z B I I Z I E
G F O N D O S O F R G Ñ N P R R
J E Z N Z Y X Q S Í L O A Ú A O
P K N Ó I S I M U O O S M B C S
W Q V T B T G L O V B I U L E I
D S A T E M R K W Z A J H I K D
V M A I R O T S I H L D E C L A
S U P Z M L C P M M Í O Q O E D
C O M U N I D A D Q D N X Q G J
X U L M Q A F S O T C A T N O C
V W P W R G N S A M A R G O R P
B O R D X B D I J U V E N T U D
H I R J S V L Z F A O L L Q N B
```

CARIDAD
NIÑOS
COMUNIDAD
CONTACTOS
DONAR
FINANZAS
FONDOS
GENEROSIDAD
GLOBAL
METAS

GRUPOS
HISTORIA
HONESTIDAD
HUMANIDAD
MISIÓN
NECESITAR
GENTE
PROGRAMAS
PÚBLICO
JUVENTUD

43 - Gardening

```
H  U  E  R  T  O  L  H  S  L  L  S  I  D  A  C
H  A  S  O  I  F  D  A  D  E  M  U  H  I  W  H
K  A  Z  S  P  O  L  E  U  S  M  Y  H  R  B  X
Z  R  C  N  A  A  E  O  M  A  R  I  O  Í  F  T
S  E  T  R  V  F  X  C  R  O  L  F  L  M  S  P
Í  U  C  J  D  G  Ó  I  Y  A  K  Í  A  L  D  P
G  G  C  Í  E  M  T  N  E  M  L  A  N  T  A  B
Z  N  N  I  N  D  I  Á  S  I  C  H  O  Y  J  S
J  A  N  Y  E  K  C  T  P  L  Y  O  I  C  O  M
A  M  A  I  J  D  O  O  E  C  P  P  C  K  H  Y
S  F  L  P  J  A  A  B  C  Í  Z  T  A  Z  U  H
F  O  L  L  A  J  E  D  I  E  Y  H  T  X  N  Í
E  O  A  A  Q  G  T  R  E  D  E  I  S  N  Q  D
C  O  M  E  S  T  I  B  L  E  Y  X  E  R  K  Y
L  S  J  F  R  Í  E  G  C  O  M  P  O  S  T  L
C  O  N  T  E  N  E  D  O  R  A  G  U  A  N  R
```

FLOR
BOTÁNICO
RAMO
CLIMA
COMPOST
CONTENEDOR
SUCIEDAD
COMESTIBLE
EXÓTICO
FLORAL

FOLLAJE
MANGUERA
HOJA
HUMEDAD
HUERTO
ESTACIONAL
SEMILLAS
SUELO
ESPECIE
AGUA

44 - Herbalism

```
E I N G R E D I E N T E F M B R
S N Q K P L J R Í K F W L E E O
T X Z O A A A A X A A A O J N M
R R H J X R R V R I J K R O E E
A N I G R O M H A D O A D R F R
G H N Q R M P X Q N Í T P A I O
Ó B O Z J Á Z S I Á D N F N C X
N K J S T T J N G R C A Q A I V
K Y O U Z I Z X N F U L M M O E
Í Z T O H C I L S A L P Í I S R
K H I X R O B A S Z I Q B Y O D
M E N T A É P P X A N I Q Q X E
O R H I Y D G W E V A M I B P Y
P E R E J I L A H T R U W J M X
A L B A H A C A N D I J X O M Y
L K Y I J H L B Q O O S B M A C
```

AROMÁTICO
ALBAHACA
BENEFICIOSO
CULINARIO
HINOJO
SABOR
FLOR
JARDÍN
AJO
VERDE

INGREDIENTE
LAVANDA
MEJORANA
MENTA
ORÉGANO
PEREJIL
PLANTA
ROMERO
AZAFRÁN
ESTRAGÓN

45 - Flowers

```
I  H  T  U  R  P  J  F  L  O  B  É  R  T  M  V
N  L  J  B  Q  V  H  L  O  S  A  R  I  G  A  N
Á  V  F  Y  D  C  N  N  Q  I  I  R  B  M  R  R
P  É  T  A  L  O  K  Í  H  C  R  A  E  I  G  O
I  M  G  D  I  C  I  D  U  R  A  X  Z  A  A  Q
L  N  W  N  N  R  K  U  N  A  N  Q  W  L  R  U
U  A  E  A  Z  P  E  L  P  N  O  G  P  U  I  K
T  R  P  V  Q  E  P  M  I  U  I  A  O  D  T  J
D  X  H  A  P  G  C  R  U  L  S  R  Q  N  A  A
G  U  A  L  O  P  A  M  A  L  A  D  M  É  O  I
P  E  O  N  Í  A  Q  X  P  G  P  E  Y  L  H  L
M  E  O  Í  L  I  R  I  O  T  K  N  R  A  M  O
A  V  T  M  H  I  B  I  S  C  O  I  G  C  E  N
D  Q  S  Z  Q  Z  Q  S  O  P  T  A  X  S  Y  G
T  T  Y  A  O  R  Q  U  Í  D  E  A  E  N  B  A
D  W  C  J  B  J  B  R  X  L  G  Z  V  C  Í  M
```

RAMO	LIRIO
CALÉNDULA	MAGNOLIA
TRÉBOL	ORQUÍDEA
NARCISO	PASIONARIA
MARGARITA	PEONÍA
GARDENIA	PÉTALO
HIBISCO	PLUMERIA
JAZMÍN	AMAPOLA
LAVANDA	GIRASOL
LILA	TULIPÁN

46 - Health and Wellness #1

```
R D L H F T Q N B R W T R R K E
D O C X T R L T P B L Z E E O G
B J I E W E A J C T Q P S L X Q
H C S A E R R C G M W J P A A Y
A O U J K B P A T N K Q I J W H
V T R Q I M S O P U B B R A A R
R N I M L A E D C I R O A C C Í
F E V M O H P I E L A A R I T D
A I I L T N H U E S O S C Ó I O
R M W V I L A C I N Í L C N V C
M A I R B D O S O I V R E N O T
A T A T Á R E F L E J O U U D O
C A X S H A L T U R A K V D U R
I R K Y H L S H T W C Q P C E I
A T J G A O N J O D W B H G P Í
M Ú S C U L O S A I R E T C A B
```

ACTIVO
BACTERIAS
HUESOS
CLÍNICA
DOCTOR
FRACTURA
HÁBITO
ALTURA
HORMONAS
HAMBRE

MÚSCULOS
NERVIOS
FARMACIA
REFLEJO
RELAJACIÓN
PIEL
TERAPIA
RESPIRAR
TRATAMIENTO
VIRUS

47 - Antarctica

```
W  T  P  Í  Y  E  N  S  E  N  A  D  A  V  R  M
V  T  O  E  T  W  R  K  U  Í  H  H  N  M  O  I
G  E  A  P  N  Ó  I  C  I  D  E  P  X  E  D  G
E  M  J  M  O  Í  D  E  N  V  N  B  Q  Y  A  R
O  P  Í  O  X  G  N  I  S  L  A  S  H  S  G  A
G  E  C  E  H  M  R  S  Y  B  S  O  M  G  I  C
R  R  C  O  Í  Y  P  A  U  G  A  R  K  W  T  I
A  A  Q  S  N  L  X  E  F  L  S  A  O  Z  S  Ó
F  T  I  O  A  T  N  I  T  Í  A  J  V  W  E  N
Í  U  Z  C  U  Z  I  J  R  T  A  Á  J  W  V  X
A  R  X  O  T  Í  I  N  H  M  L  P  P  T  N  X
B  A  W  R  U  C  R  S  E  L  A  R  E  N  I  M
H  I  E  L  O  B  F  X  H  N  H  N  U  B  E  S
G  L  A  C  I  A  R  E  S  A  T  B  A  H  Í  A
C  I  E  N  T  Í  F  I  C  O  Í  E  H  U  M  F
C  O  N  S  E  R  V  A  C  I  Ó  N  D  Z  T  N
```

BAHÍA
PÁJAROS
NUBES
CONSERVACIÓN
CONTINENTE
ENSENADA
EXPEDICIÓN
GEOGRAFÍA
GLACIARES
HIELO

ISLAS
MIGRACIÓN
MINERALES
PENÍNSULA
INVESTIGADOR
ROCOSO
CIENTÍFICO
TEMPERATURA
TOPOGRAFÍA
AGUA

48 - Ballet

```
I N T E N S I D A D A I F J A B
I C U Z R O T I S O P M O C U A
G E S T O K P V X A L H T X D I
O R Q U E S T A G N A A É X I L
A G R A C I A D O I U B C U E A
C U W P G M T T R S I N B N R
C O C I T S Í T R A O L I M C I
L M R S E P U K A L L I C Z I N
W T F E S X R R N I I D A W A E
Z I K N O W P Á X A T A H O C S
K R F O L G G R C B S D J H I B
H E Q I U P R Q E T E L Y Y S X
M W Z C C C A A S I P Y P Ú V
M R J C S V E G F R I C U B M L
U D J E Ú G I F H Í I V A S I L
I X P L M N W O C J A R O X Q A
```

APLAUSO
ARTÍSTICO
AUDIENCIA
BAILARINA
COREOGRAFÍA
COMPOSITOR
BAILARINES
EXPRESIVO
GESTO
AGRACIADO

INTENSIDAD
LECCIONES
MÚSCULOS
MÚSICA
ORQUESTA
PRÁCTICA
RITMO
HABILIDAD
ESTILO
TÉCNICA

49 - Fashion

```
W U R P O S E N C I L L O L C D
V V O N R E D O M Q Q L H J C L
Q H P R A Á T E N D E N C I A D
E T A T C Í C C V U G Q N B Q L
E J A C N E Y T B B R N A Í R S
M U T K S U O D I J E T G J Z E
O N Q O P Y L G B C Q Q S L U L
D D R I A K N J A A O L I T S E
E W X R T A S E Q U I B L E E G
S T M H R U N G T F A L N D N A
T C W Í Ó N O C T E X Q F N O N
O L Q A N M E B W L X Y S S T T
M I N I M A L I S T A T G G O E
M E D I C I O N E S O V U O B F
O R I G I N A L A W W M Q R X K
B O R D A D O Í L D N U O S A G
```

ASEQUIBLE   MINIMALISTA
BOUTIQUE   MODERNO
BOTONES   MODESTO
ROPA   ORIGINAL
ELEGANTE   PATRÓN
BORDADO   PRÁCTICO
CARO   SENCILLO
TEJIDO   ESTILO
ENCAJE   TEXTURA
MEDICIONES   TENDENCIA

50 - Human Body

```
C E P G K B M M Z D S N L U N M
T O L L I B O T B F S A D B S Z
M Z R H P B D U D C B N F Q E E
F A R A C L E I P T B W J X Q N
W Z N I Z I D J I E P H X Q H B
H E I D Í Ó R T Y T C A R C Z O
U B W H Í J N S N I X M B E I C
E A A F G B M A A L L I D O R A
S C Z Í S G U L N N U F S N A Y
O D O C K Y H L L J G A C A N Í
S L R X F B A I A L O R B M O H
J C B W J E F B M V A J E R O B
D C E T J J F R H M L Y E Y Í G
H Z R M Y L Í A N R E I P T Z T
Q S E Í S M W B Í J P I F I R L
M D C W P A L C U E L L O C K M
```

TOBILLO	CABEZA
SANGRE	CORAZÓN
HUESOS	MANDÍBULA
CEREBRO	RODILLA
BARBILLA	PIERNA
OREJA	BOCA
CODO	CUELLO
CARA	NARIZ
DEDO	HOMBRO
MANO	PIEL

51 - Musical Instruments

```
P  G  O  I  B  V  H  P  F  H  S  E  Y  Z  J  Í
E  U  E  A  N  I  L  O  D  N  A  M  B  H  N  C
R  I  C  L  S  O  J  N  A  B  P  G  U  S  R  W
C  T  V  D  G  L  N  C  E  Q  K  G  R  Z  J  G
U  A  P  R  A  O  N  Í  L  O  I  V  V  O  L  X
S  R  W  V  O  N  A  I  P  A  B  M  I  R  A  M
I  R  V  S  E  C  V  R  E  I  R  G  G  H  W  J
Ó  A  Í  U  U  H  M  V  O  D  A  I  O  P  G  V
N  Z  F  G  E  E  F  L  A  U  T  A  N  N  A  Q
F  X  C  W  E  L  G  Q  G  S  E  T  Ó  E  G  V
Y  W  U  P  B  O  G  K  F  A  R  E  B  O  T  W
T  A  M  B  O  R  Y  N  A  X  E  P  M  B  T  E
E  R  W  A  F  K  M  A  G  O  D  M  O  O  K  U
G  F  E  T  P  E  J  W  O  F  N  O  R  G  O  V
B  A  Q  U  E  T  A  S  T  Ó  A  R  T  A  D  H
O  E  W  N  I  H  V  J  Í  N  P  T  V  V  D  P
```

BANJO	MANDOLINA
FAGOT	MARIMBA
VIOLONCHELO	OBOE
CLARINETE	PERCUSIÓN
TAMBOR	PIANO
BAQUETAS	SAXOFÓN
FLAUTA	PANDERETA
GONG	TROMBÓN
GUITARRA	TROMPETA
ARPA	VIOLÍN

52 - Fruit

```
P P O U N I U W Y E Y I N Q O C
M I D V M E Q Z N N M E L Ó N O
A Z Ñ A E U C V L S Q U U S A C
N B K A L Q K T L I M Ó N U T O
G S L Y O O Z T A X C O O T Á J
O A M A C C F W O R W N F O L Y
U G J P O I Y I V F I C Z K P U
H U M A T R E K X J Z N U G B U
F A T P Ó A K I W I O I A L D H
S C P D N B J B J E E N N K N I
B A R E U L C N I G N I A L V G
G T G O R A B A Y A Z B Z K S O
Z E L Q W A N R K I S N N C N W
G U A Y A B A U P I Í X A K K I
C E R E Z A G F F A W H M Q O X
L F R A M B U E S A M R F G J J
```

MANZANA	KIWI
ALBARICOQUE	LIMÓN
AGUACATE	MANGO
PLÁTANO	MELÓN
BAYA	NECTARINA
CEREZA	PAPAYA
COCO	MELOCOTÓN
HIGO	PERA
UVA	PIÑA
GUAYABA	FRAMBUESA

53 - Engineering

```
T  G  L  J  E  S  T  R  U  C  T  U  R  A  P  G
Í  M  O  T  O  R  L  E  S  E  I  D  E  X  R  V
C  E  I  I  E  G  X  R  N  D  O  H  M  Z  O  V
Z  L  Í  S  T  G  O  R  T  E  M  Á  I  D  F  A
P  R  O  P  U  L  S  I  Ó  N  R  C  L  E  U  C
Í  S  R  T  B  E  A  I  Z  V  V  G  A  S  N  Í
T  S  X  K  L  O  Z  Z  M  V  P  T  Í  Z  D  E
N  Q  A  N  I  U  Q  Á  M  K  F  W  F  A  I  N
N  Ó  I  C  C  U  R  T  S  N  O  C  B  M  D  G
K  L  I  N  N  Ó  I  C  I  D  E  M  Z  A  A  R
F  U  E  R  Z  A  P  R  Z  C  A  J  A  R  D  A
R  L  D  A  D  I  L  I  B  A  T  S  E  G  N  N
L  Í  Q  U  I  D  O  A  J  A  E  R  Y  A  I  A
I  M  T  U  U  A  S  D  P  C  T  O  Q  I  E  J
D  I  S  T  R  I  B  U  C  I  Ó  N  Z  D  L  E
C  Á  L  C  U  L  O  Á  N  G  U  L  O  L  E  S
```

ÁNGULO
EJE
CÁLCULO
CONSTRUCCIÓN
PROFUNDIDAD
DIAGRAMA
DIÁMETRO
DIESEL
DISTRIBUCIÓN
ENERGÍA

ENGRANAJES
PALANCAS
LÍQUIDO
MÁQUINA
MEDICIÓN
MOTOR
PROPULSIÓN
ESTABILIDAD
FUERZA
ESTRUCTURA

54 - Kitchen

```
A  B  G  W  U  R  T  P  Y  E  E  N  T  C  P  T
R  O  D  A  R  E  G  I  R  F  E  R  F  U  A  R
E  E  E  T  Z  S  O  L  L  I  L  A  P  C  R  Y
M  Y  V  E  P  P  B  N  G  R  K  L  U  H  R  C
O  V  I  N  F  E  Z  L  E  O  M  Y  E  A  I  U
C  C  X  E  Z  C  W  Q  A  D  T  B  C  R  L  C
N  X  G  D  T  I  A  P  Y  A  E  A  U  A  L  H
C  N  C  O  L  A  T  N  A  L  E  D  R  S  A  I
O  Í  L  R  C  S  E  J  A  E  B  K  Y  R  B  L
M  H  S  E  G  A  L  S  K  G  I  S  I  W  O  L
I  Q  N  S  E  Z  L  K  P  N  Ó  Z  A  T  K  O
D  X  A  O  B  A  I  D  P  O  N  R  O  H  Q  S
A  S  C  T  Í  T  V  T  E  C  N  K  Q  F  U  X
R  E  C  E  T  A  R  A  R  R  A  J  C  T  Y  R
D  O  H  Í  X  C  E  C  R  P  A  O  A  D  P  X
S  I  S  X  H  Í  S  O  U  K  J  D  T  W  N  J
```

DELANTAL	CALDERA
TAZÓN	CUCHILLOS
PALILLOS	SERVILLETA
TAZAS	HORNO
COMIDA	RECETA
TENEDORES	REFRIGERADOR
CONGELADOR	ESPECIAS
PARRILLA	ESPONJA
TARRO	CUCHARAS
JARRA	COMER

55 - Government

```
V A D E M O C R A C I A L D S D
L I B E R T A D U N B E E P Q I
I C O T N E M U N O M F Y T D S
V I T S X N D P A C Í F I C O C
I T I Í F A A Í G A G S M O C U
C S R M D W D A L X E R E E O S
H U T B H R L C Z G Q M K J N I
J J S O U X A T V C I O O U S Ó
B M I L P H U G N S A J W D T N
L G D O K R G K A M F H N I I G
C U I I R E I Y C V W H Y C T F
P O L Í T I C A I Z S Y K I U D
G W S Q I I G M Ó H A P J A C A
G Y H D Y U W I N M Z J U L I E
D I S C U R S O D A T S E V Ó R
C I U D A D A N Í A D F J I N A
```

CIUDADANÍA
CIVIL
CONSTITUCIÓN
DEMOCRACIA
DISCUSIÓN
DISTRITO
IGUALDAD
JUDICIAL
JUSTICIA
LEY

LÍDER
LIBERTAD
MONUMENTO
NACIÓN
PACÍFICO
POLÍTICA
DISCURSO
ESTADO
SÍMBOLO

56 - Art Supplies

```
B E J D A D I V I T A E R C B F
F O T N E M A G E P U G R F K Í
K M R A C U A R E L A S U I F B
J S Q R S E C I P Á L I A A A Z
C N K I A L L I S E R O L O C T
Z E C S E D L Y I Í U L L V E P
X T P K D O O R Q D E T I E C A
B E Z I I V P R G Í V U C E Í R
W L Q Í L E P A P N Ó B R A C A
D L K M H L L V N E X T A T Z M
H A W R O Z O Z R K A V S N V Á
N B G S Í J J S S B W J E I G C
R A P I N T U R A S M G M T A E
V C A C R Í L I C O S M U Í U Y
D U J J F I J A Q Y H U H G D B
Q F S T I S Y Í U Z V S D J B R
```

ACRÍLICO

CEPILLOS

CÁMARA

SILLA

CARBÓN

ARCILLA

COLORES

CREATIVIDAD

CABALLETE

BORRADOR

PEGAMENTO

IDEAS

TINTA

ACEITE

PINTURAS

PAPEL

LÁPICES

MESA

AGUA

ACUARELAS

57 - Science Fiction

```
A E S D I S T O P Í A D C B U W
F U T U R I S T A O C I M Ó T A
T I O J I F W W E G R C K E O N
E L B O X M A J S E F Á X R P T
C U O U D X A N M U P H C Q Í U
N S R B M I X G T F Y Z R U A K
O I M N C L M Z I Á Q Z A J L U
L Ó C Ó I U S E K N S M T O F O
O N X I N W Q V P G A T V B M M
G H Z S E N O L C A T R I F J E
Í X T O D N U M N L E D I C Y R
A N E L T X F D Z A N Z T O O T
S P G P I A K S B X A L R B Í X
H Í D X N S O R B I L W I H W E
V T Y E N E A C Z A P T F L K Y
M I S T E R I O S O I M Í H D Z
```

ATÓMICO
LIBROS
CINE
CLONES
DISTOPÍA
EXPLOSIÓN
EXTREMO
FANTÁSTICO
FUEGO
FUTURISTA

GALAXIA
ILUSIÓN
IMAGINARIO
MISTERIOSO
ORÁCULO
PLANETA
ROBOTS
TECNOLOGÍA
UTOPÍA
MUNDO

58 - Geometry

```
X  L  J  P  X  O  R  T  E  M  Á  I  D  N  S  Y
T  R  I  Á  N  G  U  L  O  C  I  Y  A  C  E  L
H  O  R  I  Z  O  N  T  A  L  U  J  S  H  K  Ó
N  Ó  I  C  R  O  P  O  R  P  Y  A  O  S  R  G
G  F  E  M  P  Z  V  N  U  Z  L  N  C  I  N  I
O  I  I  Í  A  C  V  K  T  M  W  W  V  I  Í  C
E  E  C  A  U  S  Á  O  L  U  C  R  Í  C  Ó  A
R  B  I  X  G  M  A  L  A  S  B  G  F  T  Y  N
D  R  F  Í  F  E  Í  E  C  A  P  G  Z  F  D  S
C  U  R  V  A  D  R  L  O  U  Z  K  G  K  P  I
Y  O  E  G  M  I  O  A  X  O  L  U  G  N  Á  M
D  P  P  C  Í  A  E  R  I  R  L  O  Z  E  A  E
Z  M  U  Y  V  N  T  A  O  E  H  V  T  W  T  T
O  I  S  L  L  A  X  P  C  M  C  K  J  Z  C  R
D  I  M  E  N  S  I  Ó  N  Ú  N  B  H  X  W  Í
S  E  G  M  E  N  T  O  J  N  M  E  Z  B  F  A
```

ÁNGULO	MASA
CÁLCULO	MEDIANA
CÍRCULO	NÚMERO
CURVA	PARALELO
DIÁMETRO	PROPORCIÓN
DIMENSIÓN	SEGMENTO
ECUACIÓN	SUPERFICIE
ALTURA	SIMETRÍA
HORIZONTAL	TEORÍA
LÓGICA	TRIÁNGULO

59 - Creativity

```
I V I S I O N E S I A J N P C A
N U J A Z Q H D A D I L I B A H
V G U S T N Ó I C A N I G A M I
E Í P K W E T A Y E T C S Í T I
N H Y O L T L A V M U H E E I N
T Q F E M H J N L O I F N E D T
I O D N A I B M A C C L S X E E
V O F Á Í Q W F S I I U A P A N
O C I T S Í T R A O Ó I C R S S
G I A N U J I J B N N D I E F I
J T X O T G F M F E Í E Ó S Í D
U Á X P H V F T A S X Z N I K A
E M R S N D Y S C G X Í G Ó U D
L A L E Í V N U O X E S X N H O
Y R N Ó I C A R I P S N I F Í B
C D A D I R A L C K C W A E E G
```

ARTÍSTICO	IMAGINACIÓN
CAMBIANDO	INSPIRACIÓN
CLARIDAD	INTENSIDAD
DRAMÁTICO	INTUICIÓN
EMOCIONES	INVENTIVO
EXPRESIÓN	SENSACIÓN
FLUIDEZ	HABILIDAD
IDEAS	ESPONTÁNEO
IMAGEN	VISIONES

60 - Airplanes

```
C  P  B  F  V  X  Y  H  A  T  Y  M  O  T  O  R
I  A  Í  S  A  M  A  Q  R  V  P  Y  L  U  M  R
E  S  B  O  E  R  I  A  U  I  E  O  Q  L  O  R
L  A  H  A  L  C  X  I  T  G  O  N  M  K  I  J
O  J  T  I  B  F  I  S  L  P  L  A  T  T  I  H
A  E  T  R  I  P  U  L  A  C  I  Ó  N  U  W  C
L  R  N  O  T  Q  X  B  É  V  X  R  N  A  R  K
T  O  J  T  S  K  O  Q  Q  H  N  X  P  T  H  A
I  P  S  S  U  P  I  L  O  T  O  U  H  E  I  R
T  T  I  B  E  Z  O  U  B  Q  R  Y  R  D  E  E
U  K  Y  H  M  N  H  F  E  W  O  E  Q  R  R  F
D  D  L  G  O  C  A  L  J  G  F  L  K  I  Ó  S
U  Q  Í  G  C  M  N  R  G  M  S  J  G  Z  G  Ó
C  O  N  S  T  R  U  C  C  I  Ó  N  H  A  E  M
T  D  E  S  C  E  N  S  O  S  A  Í  A  J  N  T
F  Y  R  L  D  I  S  E  Ñ  O  X  X  F  E  O  A
```

AVENTURA	COMBUSTIBLE
AIRE	ALTURA
ALTITUD	HISTORIA
ATMÓSFERA	HIDRÓGENO
GLOBO	ATERRIZAJE
CONSTRUCCIÓN	PASAJERO
TRIPULACIÓN	PILOTO
DESCENSO	HÉLICES
DISEÑO	CIELO
MOTOR	

61 - Ocean

```
T O R T U G A B V G C A Í E M S
O P L U P K A O Q C O N X A R D
S L I P N Í F L E D R G E F H S
T C A M A R Ó N G X A U J A O L
R H A W D O Z B U A L I K W X K
A S U D E M E M Z F A L X W O F
J T O S A N I R A M S A G L A A
X A A M S I Z T K O T J B Í Y R
E T X K B O R J H J I N A G F R
P N L V G W A T E E B O L U W E
D E H N F J Y T G R U P L D F C
G M S A E R A M Ú G R S E K F I
D R E C V A A W Y N Ó E N U L F
H O P H A E U Q F A N X A M A E
B T T T S D Z G S C H A D X N R
Y Z E T W G O W S O A D V L G Í
```

ALGA	SAL
CORAL	ALGAS MARINAS
CANGREJO	TIBURÓN
DELFÍN	CAMARÓN
ANGUILA	ESPONJA
PESCADO	TORMENTA
MEDUSA	MAREAS
PULPO	ATÚN
OSTRA	TORTUGA
ARRECIFE	BALLENA

62 - Force and Gravity

```
A S K M F O G S F L I R Q M M F
E I B P V R M E C Á N I C A E Í
D L Y X B T I Y X G Í N J N O S
F I M A G N E T I S M O U N F I
C R N E J E E X P A N S I Ó N C
V E I Á R C W Z O H E J O T K A
A E T C M O G Z T S M J E R Z T
C M L V C I C Z C E V A K J F I
E A A O A I C N A T S I D D Z B
L G S E C L Ó O P M E I T K R R
E N R M V I C N M P E S O X H Ó
R I E H A Y D W I P R E S I Ó N
A T V I N O U A T K G G T Y P Z
R U I T K R Z R D A M J R I Q J
F D N P R O P I E D A D E S Y D
N U U C W F S G E N E R A R H H
```

EJE
CENTRO
DISTANCIA
DINÁMICO
EXPANSIÓN
FRICCIÓN
IMPACTO
MAGNETISMO
MAGNITUD
MECÁNICA

ÓRBITA
FÍSICA
PRESIÓN
PROPIEDADES
VELOCIDAD
TIEMPO
ACELERAR
GENERAR
UNIVERSAL
PESO

63 - Birds

```
L  Í  F  K  F  Z  C  P  I  N  G  Ü  I  N  O  H
I  V  Q  L  U  E  U  S  G  Á  M  P  G  S  S  Y
B  G  Q  S  A  U  C  L  M  C  M  F  T  E  N  I
J  O  R  O  L  M  O  T  C  U  Q  S  X  O  A  F
K  R  S  T  N  L  E  U  T  T  O  V  Q  R  G  F
T  R  C  A  I  I  O  N  A  C  Í  L  E  P  M  W
C  I  Y  P  G  V  L  P  C  S  R  J  B  Z  U  Á
I  Ó  B  S  Q  A  P  C  W  O  V  R  E  U  C  G
G  N  P  N  Q  H  V  L  J  Q  X  V  T  R  I  U
Ü  Í  A  D  D  U  G  I  V  K  M  E  Q  T  Z  I
E  N  V  Í  V  E  I  D  O  I  Q  I  W  S  O  L
Ñ  Q  O  W  T  V  H  V  L  T  H  X  H  E  J  A
A  Z  R  A  G  O  D  G  L  B  A  X  B  V  Z  D
X  E  E  N  J  V  T  W  O  D  Z  T  J  A  U  Í
N  A  A  C  V  B  M  F  P  C  A  N  A  R  I  O
N  V  L  Q  Y  P  G  C  I  S  N  E  X  B  S  C
```

CANARIO	GARZA
POLLO	AVESTRUZ
CUERVO	LORO
CUCO	PAVO REAL
PATO	PELÍCANO
ÁGUILA	PINGÜINO
HUEVO	GORRIÓN
FLAMENCO	CIGÜEÑA
GANSO	CISNE
GAVIOTA	TUCÁN

64 - Art

```
P K N W C O J E L P M O C Z A B
F E I K K U V M S A R U T N I P
I Í R A E R C M E C M C E H Z D
G I S S D G R V J Q U X P T Z A
U N U E O L O B M Í S L Y G P D
R S R X T N H K Q H A S T Y E L
A P R P S Ó A Í S E O P N U A W
C I E R E I P L D O R A U S R F
I R A E N C O R I G I N A L A A
M A L S O I M B R M N V M M T Í
Á D I I H S V V G O K M E U A S
R O S Ó T O W Z L F P F T L R U
E Q M N K P Z B F W L C V I T Í
C H O N P M H U M O R C H C E T
U H H E R O L L I C N E S E R Z
Z E V K A C V I S U A L K M F Z
```

CERÁMICA
COMPLEJO
COMPOSICIÓN
CREAR
EXPRESIÓN
FIGURA
HONESTO
INSPIRADO
HUMOR
ORIGINAL

PINTURAS
PERSONAL
POESÍA
RETRATAR
ESCULTURA
SENCILLO
TEMA
SURREALISMO
SÍMBOLO
VISUAL

65 - Nutrition

```
C N Ó I C A T N E M R E F D S A
A J H M T K W R Q S S D K I A P
L F V E S Í G N U U C B L G L E
O S E P A V K N I M K R P E U T
R J E A L G S Z L L T W R S D I
Í A T G U Q E O I M H M O T A T
A U N R D I K T B A P V V I B O
S V E H K A H A R O B A S Ó L Y
U F I S A L S A A S O J O N E Y
N V R T Í M L A D X O I T S E W
S L T D A W S Í O V P Q I R U M
E R U I B M T O X I N A B P H X
M O N E V Q I I B L G P Á Y A A
D U G T H E U N D Y T E H U J Z
Z Q L A J L I S A N Í E T O R P
P J C A L I D A D A M A R G O D
```

APETITO
EQUILIBRADO
AMARGO
CALORÍAS
DIETA
DIGESTIÓN
FERMENTACIÓN
SABOR
HÁBITOS

SALUD
SALUDABLE
NUTRIENTE
PROTEÍNAS
CALIDAD
SALSA
TOXINA
VITAMINA
PESO

66 - Hiking

```
M E A M I L C L E I K U K C J A
O J N Ó I C A T N E I R O K M C
S A I G C Z X P O S F J D A Q A
Q K M E Q Í N N Í N E C A I A N
U N A P X X X A W O J C S Q Í T
I A L D L Y Y M T N V L N U M I
T L E T C Y V A C U Z Y A I H L
O A S B Q P H P L A R E C S Í A
S L G N I P M A C J S A T O B D
A V W U P E S A D O C P L L A O
B S P Q A C U M B R E A A E S H
P I E D R A S D J A C R I G Z Í
M O N T A Ñ A A F S F Q E K G A
S A L V A J E I Í O P U G Y L R
A K N J T W H J Y U S E R I U S
B Y H O Q P W J T S G S Í E F Q
```

ANIMALES

BOTAS

CAMPING

ACANTILADO

CLIMA

GUÍAS

PESADO

MAPA

MOSQUITOS

MONTAÑA

NATURALEZA

ORIENTACIÓN

PARQUES

PIEDRAS

CUMBRE

SOL

CANSADO

AGUA

SALVAJE

67 - Professions #1

```
E  N  F  E  R  M  E  R  A  A  S  E  S  C  M  M
B  A  I  L  A  R  Í  N  M  O  Í  U  M  O  Í  H
C  A  R  T  Ó  G  R  A  F  O  C  I  S  Ú  M  N
P  S  I  C  Ó  L  O  G  O  S  K  H  K  U  F  V
Y  T  M  Y  B  Z  G  D  Í  K  A  E  Í  B  N  E
V  B  F  M  E  W  O  D  A  L  N  S  E  Y  T  M
C  C  T  T  A  H  L  A  B  G  F  T  T  N  V  B
H  L  T  J  F  I  Ó  D  Y  T  O  V  Y  R  F  A
D  G  Q  K  O  R  E  U  Q  N  A  B  Y  L  E  J
L  H  L  O  Í  Y  G  G  M  Y  B  D  A  W  D  A
C  A  Z  A  D  O  R  P  J  E  D  I  T  O  R  D
M  A  R  I  N  E  R  O  V  O  W  G  F  Í  E  O
E  N  T  R  E  N  A  D  O  R  Y  D  I  N  A  R
A  P  P  I  A  N  I  S  T  A  L  E  G  J  P  R
A  S  T  R  Ó  N  O  M  O  R  C  N  R  Y  G  M
V  D  O  C  T  O  R  D  N  E  T  T  P  O  T  T
```

EMBAJADOR	GEÓLOGO
ASTRÓNOMO	CAZADOR
ABOGADO	JOYERO
BANQUERO	MÚSICO
CARTÓGRAFO	ENFERMERA
ENTRENADOR	PIANISTA
BAILARÍN	PSICÓLOGO
DOCTOR	MARINERO
EDITOR	SASTRE

68 - Barbecues

```
B H Í D H F X R G O U N E F Z P
J M V N J A Í J H C C I X A Q A
D F D R G C M F U V S Ñ H M B R
F R U T A I C B W E O O U I P R
I C T T M S Í I R Y G S U L O I
Y A A S S Ú H G O E I O J I L L
R D O L R M F E A K M E S A L L
L G Z L I E N S A L A D A S O A
Í Y U D Z E C O M I D A G L O S
T I A L Y O N A R E V Y D A M L
I A U B Q P R T H H B C L S L S
V E R D U R A S E Í R I C R F D
T E N E D O R E S T O M A T E S
C U C H I L L O S E A A S A L S
Q X O V Q O N G F O G C I H M X
Q W N Y C E N A W Y H L C F Í U
```

POLLO
NIÑOS
CENA
FAMILIA
COMIDA
TENEDORES
AMIGOS
FRUTA
JUEGOS
PARRILLA

CALIENTE
HAMBRE
CUCHILLOS
MÚSICA
ENSALADAS
SAL
SALSA
VERANO
TOMATES
VERDURAS

69 - Chocolate

```
E C L U D K E U A E E S S C N Í
T S G F Z C S V R U Í G A Y V Í
N N G O X O I W O G Z Z R B D O
A C N E T N E I D E R G N I O I
D R F A V O R I T O J U C I S R
I Z O C I T Ó X E P D S A T O E
X R S M B X X O C O C T C W I M
O S E D A D I L A C B O A D C O
I A T C K A S E Y J G G O K I C
T Z E H E O I M Í I W R Y W L O
N Ú U Í J T H A B X Y A F K E B
A C H V C K A R W D I M Í W D Y
H A A R T E S A N A L A Q Q F G
F R C X L P W C C A L O R Í A S
O S A D N B L V L X W B A S L F
Z T C W Y X W A I R A I S W R B
```

ANTIOXIDANTE	FAVORITO
AROMA	SABOR
ARTESANAL	INGREDIENTE
AMARGO	CACAHUETES
CACAO	CALIDAD
CALORÍAS	RECETA
CARAMELO	AZÚCAR
COCO	DULCE
DELICIOSO	GUSTO
EXÓTICO	COMER

70 - Boats

```
S X Í R W F O Q Q T C X L X T Q
Í J M J L B L U L N E U X G K E
N H J N J N A O N A C L E O P X
A Z C J T H S Y C Y Í C M R Í O
N Á U T I C O F S Z J H M E D N
L W R D J X G V E T A Y Á N F A
N N Z M K Z A Y M R I K S I B É
M V O U A S L A B S R A T R P C
P Q U H O R E L E V F Y I A D O
F G V Q Í V E C N M Q A L M B N
N X Y H R X E N S R V K Q I O P
Y R X S A P J A E R A M H E Y J
T R I P U L A C I Ó N A E D A Z
R O E H E V L A N Í Í M A M P X
M O T O R R K M I D Í S X A Y Z
K S Q M Z I D W B A Y F X B Y Í
```

ANCLA
BOYA
CANOA
TRIPULACIÓN
MOTOR
FERRY
KAYAK
LAGO
MÁSTIL
NÁUTICO

OCÉANO
BALSA
RÍO
CUERDA
VELERO
MARINERO
MAR
MAREA
OLAS
YATE

71 - Activities and Leisure

```
S  G  A  J  A  R  D  I  N  E  R  Í  A  V  K  E
W  E  A  F  I  C  I  O  N  E  S  N  R  Q  Z  U
S  T  N  Ó  I  C  A  T  A  N  I  P  U  A  E  P
Q  R  K  D  W  I  G  Y  R  C  R  E  T  A  R  X
A  A  C  S  E  P  G  P  Q  B  M  N  N  C  Z  Q
Z  E  R  Y  J  R  Z  K  Y  R  K  K  I  I  W  O
S  Y  V  Í  A  J  I  D  Y  P  Z  W  P  W  T  T
F  U  L  Q  I  E  Z  S  C  A  R  R  E  R  A  S
Ú  V  R  M  V  L  J  Í  M  L  T  K  C  B  O  E
T  O  B  F  X  W  T  S  I  O  K  E  A  O  G  C
B  L  C  E  J  F  O  G  Q  B  X  F  M  A  O  N
O  E  Q  H  T  O  V  V  O  S  V  O  P  X  L  O
L  I  V  L  O  E  X  O  B  I  T  K  I  E  F  L
F  B  J  P  B  C  N  Í  D  É  I  D  N  A  K  A
B  O  R  V  X  U  R  I  S  B  Z  Z  G  I  G  B
K  L  N  T  N  B  F  Z  S  P  I  F  I  Í  Z  S
```

ARTE   AFICIONES
BÉISBOL   PINTURA
BALONCESTO   CARRERAS
BOXEO   FÚTBOL
CAMPING   SURF
BUCEO   NATACIÓN
PESCA   TENIS
JARDINERÍA   VIAJE
GOLF   VOLEIBOL
SENDERISMO

72 - Driving

```
T  B  C  R  G  U  I  V  S  A  M  U  H  R  G  S
Í  R  L  A  N  O  T  A  E  P  Y  Z  E  F  D  I
T  O  Á  Z  R  X  O  H  W  L  Q  T  J  A  E  S
M  V  H  F  A  R  Í  I  F  D  O  M  O  T  O  R
N  O  R  G  I  L  E  P  K  C  X  C  Í  A  J  U
S  L  C  C  C  P  T  S  L  N  Ó  I  M  A  C
A  C  R  X  N  S  O  N  E  R  F  L  S  D  C  B
W  Z  E  C  E  H  Y  A  O  R  H  A  W  Z  A  S
P  H  N  Q  C  T  Ú  N  E  L  A  R  C  M  P  D
O  Y  N  Q  I  A  C  C  I  D  E  N  T  E  U  W
L  R  F  D  L  J  G  A  S  G  A  R  A  J  E  F
I  N  L  B  Q  S  E  G  U  R  I  D  A  D  C  T
C  C  O  M  B  U  S  T  I  B  L  E  J  D  O  V
Í  V  D  C  O  N  D  U  C  T  O  R  T  C  C  L
A  T  E  L  C  I  C  O  T  O  M  C  P  X  H  A
B  H  T  N  R  H  F  C  U  M  A  P  A  A  E  X
```

ACCIDENTE	MOTOR
FRENOS	MOTOCICLETA
COCHE	PEATONAL
PELIGRO	POLICÍA
CONDUCTOR	CARRETERA
COMBUSTIBLE	SEGURIDAD
GARAJE	VELOCIDAD
GAS	TRÁFICO
LICENCIA	CAMIÓN
MAPA	TÚNEL

73 - Biology

```
M  R  Í  Í  Í  J  M  J  M  M  Í  Y  X  Y  J  F
U  U  A  O  C  Q  R  Z  T  G  P  N  A  B  V  O
T  Y  X  R  U  R  V  R  Z  I  H  E  W  A  Z  T
A  O  A  B  A  N  O  M  R  O  H  U  X  C  M  O
C  N  Í  F  J  S  T  M  M  M  C  R  L  T  R  S
I  E  M  B  R  I  Ó  N  O  B  D  O  A  E  E  Í
Ó  G  O  L  O  S  W  A  R  S  S  N  R  R  P  N
N  Á  T  H  H  O  U  I  Í  Y  O  A  U  I  T  T
F  L  A  K  G  M  C  E  L  D  A  M  T  A  I  E
Z  O  N  S  I  S  O  I  B  M  I  S  A  S  L  S
Í  C  A  J  R  Ó  P  R  O  T  E  Í  N  A  E  I
M  A  M  Í  F  E  R  O  I  V  R  E  N  C  N  S
E  V  O  L  U  C  I  Ó  N  A  J  F  Z  Í  Z  L
L  C  W  R  R  Q  S  I  N  A  P  S  I  S  I  J
C  R  W  J  F  W  G  L  W  M  D  P  U  F  M  V
R  X  V  Q  O  Y  J  V  N  O  L  V  K  D  A  H
```

ANATOMÍA	MUTACIÓN
BACTERIAS	NATURAL
CELDA	NERVIO
CROMOSOMA	NEURONA
COLÁGENO	ÓSMOSIS
EMBRIÓN	FOTOSÍNTESIS
ENZIMA	PROTEÍNA
EVOLUCIÓN	REPTIL
HORMONA	SIMBIOSIS
MAMÍFERO	SINAPSIS

74 - Professions #2

```
M F Q A P U V S M A P B Í J G D
L É I M K L P A R T Z D J Z Y B
I P D L A T S I T N E D V G D Q
N E B I Ó P M L L R Z A A S G N
G R I D C S A N R O T N E V N I
Ü I B E A O O S T T C P E I C
I O L T S R R F S L Z O I T L I
S D I E T E S E O U O R N P U R
T I O C R I B N F C Ó E T R S U
A S T T O N I X A I L N O O T J
H T E I N E Ó M R R O I R F R A
L A C V A G L B G G D N E A N
D Í A E U N O U Ó A O R U S D O
H N R F T I G D T C C A Í O O J
M D I Q A D O E O Y G J N R R N
Q Z O H X C U N F E U K P H D D
```

ASTRONAUTA
BIÓLOGO
DENTISTA
DETECTIVE
INGENIERO
AGRICULTOR
JARDINERO
ILUSTRADOR
INVENTOR
PERIODISTA

BIBLIOTECARIO
LINGÜISTA
PINTOR
FILÓSOFO
FOTÓGRAFO
MÉDICO
PILOTO
CIRUJANO
PROFESOR
ZOÓLOGO

75 - Emotions

```
R  Í  B  G  H  O  U  H  M  I  A  B  G  K  L  C
D  J  V  M  W  A  Y  X  B  W  D  T  J  A  Q  A
E  B  O  U  A  F  U  K  X  U  A  A  W  S  O  L
S  O  R  P  R  E  S  A  Z  E  T  S  I  R  T  M
A  H  B  B  U  O  D  A  N  O  I  C  O  M  E  A
B  C  O  M  D  G  M  K  S  L  C  Z  N  D  B  C
U  E  N  I  W  O  D  A  Z  N  O  G  R  E  V  A
R  F  D  E  U  C  H  W  H  J  N  B  Z  E  W  Y
R  S  A  D  J  R  D  O  D  U  T  I  A  E  B  B
I  I  D  O  T  H  O  D  I  C  E  D  A  R  G  A
M  T  W  W  K  O  E  Z  E  V  N  D  R  E  E  P
I  A  Í  T  A  P  M  I  S  Í  I  S  I  F  P  Y
E  S  Z  X  U  N  C  F  E  B  D  L  L  B  A  T
N  A  L  E  G  R  Í  A  R  U  O  F  A  Y  Z  H
T  D  R  W  M  Í  C  R  K  T  E  R  N  U  R  A
O  V  B  I  T  R  A  N  Q  U  I  L  I  D  A  D
```

IRA	BONDAD
BEATITUD	AMOR
ABURRIMIENTO	PAZ
CALMA	ALIVIO
CONTENIDO	TRISTEZA
AVERGONZADO	SATISFECHO
EMOCIONADO	SORPRESA
MIEDO	SIMPATÍA
AGRADECIDO	TERNURA
ALEGRÍA	TRANQUILIDAD

76 - Mythology

```
M X F Q N W M Í F T X X H F G U
O T N I R E B A L B N F B H N T
N V Y V M O O D H T I C G E H B
S E A J O R P N H T T U H R S T
T N G S R É I E E R T S A S E D
R G T Z T H T Y L U H W R O D G
U A E N A M E E M L R P U L A U
O N H I L Q U L A P Í T T E D E
I Z X B I U Q T H O D S A C I R
H A Q Z E U R A Y O H K I D E R
C I E L O S A I C N E E R C D E
C R E A C I Ó N K G M I C I O R
I N M O R T A L I D A D D X Z O
P F Í X C E I Y Z L R Í G P V S
F F U E R Z A R U T L U C P J J
S K A C B E W T A C A U O X L N
```

ARQUETIPO
CREENCIAS
CREACIÓN
CRIATURA
CULTURA
DEIDADES
DESASTRE
CIELO
HÉROE
INMORTALIDAD

CELOS
LABERINTO
LEYENDA
RAYO
MONSTRUO
MORTAL
VENGANZA
FUERZA
TRUENO
GUERRERO

77 - Agronomy

```
F U Í L Q T U C O I D U T S E Í
M E I F M N F I W R G B D A N G
F D R U N Z D E A Í G O L O C E
P N I T Ó G N N J Í T Á E P K K
C Ó A D I M O C A S V S N Z D X
R I N A C L U I F K N A Q I F Z
E S Ó N A Q I A U A Y Í R G C B
C O I Q G L O Z E J A G S O S O
I R C S I I E U A R U R A L S B
M E C A T S T R Í N R E R B E U
I C U T S E Y G Z F T N U Í M Q
E T D N E P M P P A Z E D X I B
N K O A V K Í A U H W M R N L V
T S R L N C G P S O F H E Y L V
O G P P I T C T G N N Z V V A D
A G R I C U L T U R A Z Í E S V
```

AGRICULTURA
ECOLOGÍA
ENERGÍA
EROSIÓN
FERTILIZANTE
COMIDA
CRECIMIENTO
ORGÁNICO
PLANTAS

PRODUCCIÓN
INVESTIGACIÓN
RURAL
CIENCIA
SEMILLAS
ESTUDIO
SISTEMAS
VERDURAS

78 - Hair Types

```
P O B D K S Q M F L R Í X U G H
S N L M Q Z B A O A G U I I R K
V D A F N B Z R L R B Q B M I H
Z U N E E R H R I G H S W I S S
P L C M G I U Ó Í O F U E O O S
C A O H R L F N C M Q W U C V K
A D H H O L L O D A E R O L O C
L O V Z U A B D S A Z N E R T A
V T Z D P N A A A E O U Q G D F
O K G P N T J Z L V U R I Z O S
M K J Y N E D N U A Y R C S Y L
A J A D A G L E D U G Í G Z M C
Í M F X Q H J R A S Í J C S Z O
Q M L X F L Y T B W C J J K N R
I R V U B A W Y L R I Z A D O T
P H E D B J E A E C V M J N P O
```

CALVO	GRIS
NEGRO	SALUDABLE
RUBIO	LARGO
TRENZADO	BRILLANTE
TRENZAS	CORTO
MARRÓN	SUAVE
COLOREADO	GRUESO
RIZOS	DELGADA
RIZADO	ONDULADO
SECO	BLANCO

79 - Furniture

```
C O Y P K Y A G S E T N A T S E
H O Í T M G Q C I F U T Ó N E S
T S A L M O H A D A C A M A H C
E S T A N T E R Í A S I L L A R
S F N M C O R T I N A S H M S I
P I Q A R S A R M A R I O H G T
H G L C D O C N A B D Z J Í N O
A G K L W F V Y O D H W E T Í R
O O L Y Ó Á O Y H C P B P M R I
Y Í S C O N Ó H C L O C S D Q O
C C O J I N E S E N O D E R D E
Ó Í O Z B A L F O M B R A G L L
M K X V Q X P G M L Á M P A R A
O F N P D P V W M Y Z R Z E E U
D H P C I J U T W Z G V K M X F
A F K U X K K F P O E F Í K S X
```

SILLÓN	ESCRITORIO
ARMARIO	CÓMODA
CAMA	FUTÓN
BANCO	HAMACA
ESTANTERÍA	LÁMPARA
SILLA	COLCHÓN
EDREDONES	ESPEJO
SOFÁ	ALMOHADA
CORTINAS	ALFOMBRA
COJINES	ESTANTES

80 - Garden

```
E F V T F C Y Y S F E Á Y V W Y
B J J J E B É O Y S U R O L F S
F R W P V R L S U R I B T G M E
R T A Z V A R C P V N O M Í A S
L A B R E I H A Q E Í L A P L T
H C S B A N C O Z J D O N A E A
E A O T V V U K A R J G L Z N
P M N A R D D Y N U A L U A A Q
X A Q U Í I N H U V J Z E B S U
H H B J I V L G H P H M R D J E
S L D L Y Q V L D Q O R A Z B S
G A R A J E A H O T S U B R A W
S Y V I N Í L O P M A R T G W X
J Í Q W T H L P O R C H E B O E
W Y F B X K A H U E R T O L X R
K W F E A W S S G G U R C R D Z
```

BANCO
ARBUSTO
VALLA
FLOR
GARAJE
JARDÍN
HIERBA
HAMACA
MANGUERA
CÉSPED

HUERTO
ESTANQUE
PORCHE
RASTRILLO
PALA
TERRAZA
TRAMPOLÍN
ÁRBOL
VID
MALEZAS

81 - Diplomacy

```
Z O T B E X L Z P Í Í D J C A D
I Í G G A M Í G T U B A U O K T
S O V B T S B X L P R D S O M W
O K I Y R O E A J F P I T P V P
N Ó I C U L O S J P V N I E X Z
A D A J A B M E O A B U C R O I
D I S C U S I Ó N R D M I A I N
A G O B I E R N O F K O A C R T
D N C F D T M H H O É C R I A E
U N I P O L Í T I C A T T Ó T G
I R V S E G U R I D A D I N I R
C L Í R E S O L U C I Ó N C N I
O O C I T Á M O L P I D I J A D
U C O N F L I C T O D C X J M A
T R A T A D O X U Y U R M M U D
Q L S L O F N O L V F P S E H K
```

ASESOR
EMBAJADOR
CIUDADANOS
CÍVICO
COMUNIDAD
CONFLICTO
COOPERACIÓN
DIPLOMÁTICO
DISCUSIÓN
EMBAJADA

ÉTICA
GOBIERNO
HUMANITARIO
INTEGRIDAD
JUSTICIA
POLÍTICA
RESOLUCIÓN
SEGURIDAD
SOLUCIÓN
TRATADO

82 - Countries #1

```
A C S A A I B I L S U E T W S H
M A O T U G V P H P M G R X C Y
X N C Z G V E I T L H A Z O L V
T A E Z A L E U Z E N E V Q C R
C D U N R U L Í R K H I R E Z J
P Á R P A N A M Á O D M W K F F
G I R U C K Ñ B N Q N A Y R I S
I T A L I A A R A T K N A C N E
A F M I N R P A I N O T E L L G
I M A Z N I S S R D G E Q H A I
Y W I B T O E I I E N I L X N P
S E N E G A L L L S Q V G T D T
U Í A F M P P O E D R D K I I O
H E M R M R Q Y P T B A V S A D
M D U J E K Í A I N A M E L A Z
U I R Í F B P Í M U B P O L I W
```

BRASIL
CANADÁ
EGIPTO
FINLANDIA
ALEMANIA
IRAK
ISRAEL
ITALIA
LETONIA
LIBIA

MARRUECOS
NICARAGUA
NORUEGA
PANAMÁ
POLONIA
RUMANIA
SENEGAL
ESPAÑA
VENEZUELA
VIETNAM

83 - Adjectives #1

```
O X C H V H G T Y Í K E D D M X
S U J F B Z E T N A T R O P M I
O E O O Í O H R X E Í S C M I V
I N R A S Z S M M Y Q D I L D A
C O C I T Ó X E X O K A T A É L
I R O S O R E N E G S W Á B N I
B U O K D A A Z Z W K A M S T O
M C Y J A K Z C X K V O O O I S
A S W S S X J U T C U F R L C O
Q O N R E D O M L I W U A U O Q
K N Í Y P F E L I Z V R D T O G
I H J C Í L E N T O L O A O P V
A R T Í S T I C O N W Z G P O Í
H O N E S T O Í A W S M L I T Ú
V U I I P H N B W C C K E N Q I
Y O F C Y C F Q S Q P P D M O T
```

ABSOLUTO	PESADO
AMBICIOSO	ÚTIL
AROMÁTICO	HONESTO
ARTÍSTICO	IDÉNTICO
ATRACTIVO	IMPORTANTE
HERMOSA	MODERNO
OSCURO	SERIO
EXÓTICO	LENTO
GENEROSO	DELGADA
FELIZ	VALIOSO

84 - Rainforest

```
H  S  Í  R  P  T  S  D  G  I  A  Z  A  R  Z  K
W  S  X  N  Ó  I  C  A  R  U  A  T  S  E  R  G
D  O  E  U  U  D  S  Y  S  O  T  C  E  S  N  I
A  L  S  A  I  C  N  E  V  I  V  R  E  P  U  S
D  I  V  E  R  S  I  D  A  D  E  Z  C  E  P  O
I  B  O  T  Á  N  I  C  O  T  S  S  L  T  R  I
N  N  U  G  B  P  Q  Í  G  E  P  J  I  O  E  B
U  F  D  S  E  R  C  O  S  U  E  K  M  S  S  I
M  S  E  Í  J  E  R  D  U  Y  C  X  A  O  E  F
O  L  T  F  G  A  V  E  M  J  I  Y  A  I  R  N
C  Z  C  H  X  E  S  S  F  H  E  L  B  L  V  A
T  T  H  Z  Z  A  N  E  X  U  L  P  F  A  A  W
P  Á  J  A  R  O  S  A  L  E  G  C  C  V  C  C
M  A  M  Í  F  E  R  O  S  V  Í  I  D  E  I  Z
I  R  A  Z  E  L  A  R  U  T  A  N  O  D  Ó  T
A  Q  S  C  H  L  Í  T  R  N  U  B  E  S  N  W
```

ANFIBIOS	MAMÍFEROS
PÁJAROS	MUSGO
BOTÁNICO	NATURALEZA
CLIMA	PRESERVACIÓN
NUBES	REFUGIO
COMUNIDAD	RESPETO
DIVERSIDAD	RESTAURACIÓN
INDÍGENA	ESPECIE
INSECTOS	SUPERVIVENCIA
SELVA	VALIOSO

85 - Global Warming

```
G H Á B I T A T S G A O T V P Q
I O E T C Q R C N E N V E H O Y
N C B U U T O R Q N I Z M N B L
T I K I O S H I S E X A P J L E
E F E E G A S C R F G E G A G
R Í C N B R O I U A U I R L C I
N T X L E Z N S S C T R A D I S
A N X L I R I O R I U C T A O L
C E K A L M G B Q O R U U T N A
I I R T S J A Í T N O A R O E C
O C H N Z M L E A E D I A S S I
N C O E H C Í V W S A G S L Y Ó
A L N I I N D U S T R I A G S N
L X K B Á R T I C O I R P D X C
W B I M A T E N C I Ó N Y Y O F
D E S A R R O L L O N Y R V D H
```

ÁRTICO
ATENCIÓN
CLIMA
CRISIS
DATOS
DESARROLLO
ENERGÍA
AMBIENTAL
FUTURO
GAS

GENERACIONES
GOBIERNO
HÁBITATS
INDUSTRIA
INTERNACIONAL
LEGISLACIÓN
AHORA
POBLACIONES
CIENTÍFICO
TEMPERATURAS

86 - Landscapes

```
Í  E  V  H  Z  P  T  U  N  D  R  A  K  D  W  G
Z  Í  J  V  N  R  A  M  M  Z  R  S  M  F  B  P
S  D  I  K  Í  A  L  N  V  O  L  C  Á  N  P  O
E  D  Í  O  L  I  S  J  T  J  N  K  H  U  B  A
G  R  E  B  E  C  I  R  X  A  Y  A  L  P  U  S
D  S  J  B  C  A  L  D  P  V  N  G  G  V  A  I
I  V  R  Í  A  L  Y  C  O  E  K  O  Í  R  Y  S
M  G  B  G  D  G  T  O  Q  U  A  T  H  C  V  C
D  O  É  Í  A  K  D  L  J  C  Q  R  M  B  N  O
O  N  N  I  C  U  U  J  M  D  H  E  L  L  A  V
I  A  Í  T  S  Y  K  G  D  P  V  I  S  E  N  X
S  É  Q  T  A  E  Q  S  R  L  C  S  R  V  I  E
R  C  Z  W  C  Ñ  R  G  V  A  K  E  F  G  L  L
N  O  A  E  E  S  A  F  O  T  B  D  U  T  O  V
L  A  G  O  P  E  N  Í  N  S  U  L  A  K  C  Z
J  H  L  T  X  T  B  G  R  O  U  R  K  W  Y  X
```

PLAYA	OASIS
CUEVA	OCÉANO
DESIERTO	PENÍNSULA
GÉISER	RÍO
GLACIAR	MAR
COLINA	PANTANO
ICEBERG	TUNDRA
ISLA	VALLE
LAGO	VOLCÁN
MONTAÑA	CASCADA

87 - Plants

```
D  I  Í  A  M  W  X  V  P  O  E  M  S  V  A  W
B  R  Z  K  P  U  F  J  V  V  R  N  M  F  Y  R
X  H  S  T  P  C  S  U  T  C  A  C  M  F  H  K
N  Ó  I  C  A  T  E  G  E  V  A  U  K  R  E  Í
H  N  N  Y  X  E  P  K  O  Í  W  A  M  K  T  Y
U  E  A  U  A  J  R  A  Í  Z  G  W  P  G  N  F
H  I  E  D  R  A  H  I  E  R  B  A  F  N  A  K
B  A  X  B  Í  D  E  C  W  A  Z  M  E  K  Z  K
D  O  T  X  Q  P  Z  S  H  W  W  Y  P  O  I  H
B  Y  T  J  A  R  D  Í  N  H  I  F  F  Í  L  G
O  F  Y  Á  I  Z  L  A  R  O  L  F  L  Q  I  P
S  R  H  D  N  U  E  I  B  L  W  D  J  O  T  É
Q  I  S  I  E  I  Y  F  O  L  L  A  J  E  R  T
U  J  C  G  D  O  C  P  I  A  V  Y  O  K  E  A
E  O  B  A  M  B  Ú  A  N  T  R  A  O  D  F  L
F  L  O  B  R  Á  N  O  T  S  U  B  R  A  M  O
```

BAMBÚ   BOSQUE
FRIJOL   JARDÍN
BAYA   HIERBA
BOTÁNICA   HIEDRA
ARBUSTO   MUSGO
CACTUS   PÉTALO
FERTILIZANTE   RAÍZ
FLORA   TALLO
FLOR   ÁRBOL
FOLLAJE   VEGETACIÓN

88 - Boxing

```
W J T J C V M J J N F X H L A P
C S O T N U P G F J U A K E T G
E Í L D K B E A L U E C E S B A
N H U D D Y Z R V F R U T I Q M
T U Z J M Q S V D Z Z E N O L P
R O D A H C U L Í A A R E N Y R
A N I U Q S E T R G S P N E J K
R L M V P E A M R U L O O S J T
L Z J Y H U T O Z A N A P M A C
W Z F C O H Ñ T G N E C O D O R
C Í L K P N U O T T Y T M T R Á
E N G N C Q G K Y E I X A D T P
H A B I L I D A D S N V C P I I
T T Y E X H A U S T O Í I U B D
B A R B I L L A X G Q V A D R O
Q W R E C U P E R A C I Ó N Á T
```

CAMPANA
CUERPO
BARBILLA
ESQUINA
CODO
EXHAUSTO
LUCHADOR
PUÑO
CENTRAR
GUANTES

LESIONES
PATEAR
OPONENTE
PUNTOS
RÁPIDO
RECUPERACIÓN
ÁRBITRO
CUERDAS
HABILIDAD
FUERZA

89 - Countries #2

```
L K C D Í B P L B N R K A T Y S
N M A G F Z T U C O F N B Í A O
H Z T M K L L M C N P S K U L M
E T I O P Í A D N A G U N P B A
J A M A I C A N Ó B J D E A A L
G I R J Y H C R P Í B I P K N I
E R N U I T N D A L J N A I I A
E E E I S N A K J S W A L S A Z
P B L C G I L A O S O M Í T W D
K I P O I E A I K F J A H Á B M
Í L K S H A R R O E P R A N S Q
M É X I C O J I W A T C I V U S
U C R A N I A S A E I A T G D A
W F Y C P I H J B Í Y C Í U Á Q
X I N M Í R B Y S Í F O Í Í N Y
D M K N Í J M P M M R W P Y Z H
```

ALBANIA	MÉXICO
DINAMARCA	NEPAL
ETIOPÍA	NIGERIA
GRECIA	PAKISTÁN
HAITÍ	RUSIA
JAMAICA	SOMALIA
JAPÓN	SUDÁN
LAOS	SIRIA
LÍBANO	UGANDA
LIBERIA	UCRANIA

90 - Ecology

```
G L O B A L B W S L Y T N D I C
J I U Z H V D Y D S F F Ó I F Q
C O M U N I D A D E S A I V A A
F A S A S H Í S O S R U C E R N
T L L U P L A N T A S N A R V A
S F O Z P D D V X M O A T S O T
T E L R Z E T U K I C Í E I L U
D L Q O A O R H N L V S G D U R
R B P U G S B V W C S A E A N A
E I L J Í T N G I W C Ñ V D T L
S N P F I A I W I V Q A N W A Y
P E O N A T N A P M E T C E R V
E T L L B I V Q H J D N L R I L
C S J X Z B M A R I N O C Y O F
I O M F U Á F V K X K M O I S Í
E S J L O H A Z E L A R U T A N
```

CLIMA
COMUNIDADES
DIVERSIDAD
SEQUÍA
FAUNA
FLORA
GLOBAL
HÁBITAT
MARINO
PANTANO

MONTAÑAS
NATURAL
NATURALEZA
PLANTAS
RECURSOS
ESPECIE
SUPERVIVENCIA
SOSTENIBLE
VEGETACIÓN
VOLUNTARIOS

91 - Adjectives #2

```
M G X W S S A G X D B L K O A K
P R O D U C T I V O O Z T O A C
D L C S S E C O W D W T D K A A
R E W I O Z L U Z A O J A O R L
E T S X L L G Y N L T C H D U I
S N N C A L L K Z A N R A A O E
P A U H R S H U F S E E M U G N
O G E C U I N E G R I A B T F T
N E V I T C P F X R L T R É U E
S L O U A Z E T S S O I I N E S
A E Z Í N O J G I L N V E T R A
B W K P S N V M A V M O N I T L
L S O R S E S M K X O S T C E V
E L B A D U L A S P S D O O L A
M D Y Í H R C F A M O S O G C J
I N T E R E S A N T E F T Q G E
```

AUTÉNTICO
CREATIVO
DESCRIPTIVO
SECO
ELEGANTE
FAMOSO
DOTADO
SALUDABLE
CALIENTE
HAMBRIENTO

INTERESANTE
NATURAL
NUEVO
PRODUCTIVO
ORGULLOSO
RESPONSABLE
SALADO
SOMNOLIENTO
FUERTE
SALVAJE

92 - Psychology

```
P V Q F U E A M C P V L V M E S
E O U G G X G M O E J K D L M E
N T N R D Q W E G R O Q H G O N
S C E G O N O C N S L F A V C S
A I P A R E T Í I O A P X K I A
M L N T O U O A C N F E J F O C
I F D F C I T A I A M X D H N I
E N A Q A T L Í Ó L R Q R I E Ó
N O D K S N K P N I C A X T S N
T C I B V P C D Y D M B M O K E
O D L K S N Ó I C A U L A V E G
S R A Í M R G S A D S U E Ñ O S
W W E T N E I C S N O C B U S A
Y W R S A I C N E I R E P X E J
G B W N Ó I C P E C R E P Q Y U
Í V A M E L B O R P G Z I V G X
```

CITA
EVALUACIÓN
INFANCIA
CLÍNICO
COGNICIÓN
CONFLICTO
SUEÑOS
EGO
EMOCIONES
EXPERIENCIAS

IDEAS
PERCEPCIÓN
PERSONALIDAD
PROBLEMA
REALIDAD
SENSACIÓN
SUBCONSCIENTE
TERAPIA
PENSAMIENTOS

93 - Math

```
C  R  S  P  N  O  X  Í  R  E  D  J  Í  Y  U  G
V  U  C  Y  Q  F  F  A  T  C  I  B  S  E  P  E
U  O  A  Y  I  D  L  V  C  U  V  S  I  F  A  O
V  V  L  D  E  O  L  U  J  A  I  Z  M  R  R  M
R  E  E  U  R  X  C  P  T  C  S  B  E  A  A  E
E  K  T  O  M  A  P  E  T  I  I  J  T  C  L  T
C  N  T  J  D  E  D  O  T  Ó  Ó  J  R  C  E  R
T  Ú  A  H  P  M  N  O  N  N  N  S  Í  I  L  Í
Á  M  Á  N  G  U  L  O  S  E  V  O  A  Ó  O  A
N  E  V  F  M  V  Z  Y  Q  C  N  R  D  N  I  S
G  R  T  R  I  Á  N  G  U  L  O  T  W  Í  D  D
U  O  N  O  G  Í  L  O  P  Q  V  E  E  H  A  H
L  S  D  J  E  U  A  C  I  T  É  M  T  I  R  A
O  R  T  E  M  Í  R  E  P  R  O  Á  W  F  O  P
G  D  E  C  I  M  A  L  S  Í  O  I  N  V  S  X
Q  Z  N  R  L  L  Z  J  S  T  K  D  W  X  Z  O
```

ÁNGULOS	PARALELO
ARITMÉTICA	PERÍMETRO
DECIMAL	POLÍGONO
DIÁMETRO	RADIO
DIVISIÓN	RECTÁNGULO
ECUACIÓN	CUADRADO
EXPONENTE	SIMETRÍA
FRACCIÓN	TRIÁNGULO
GEOMETRÍA	VOLUMEN
NÚMEROS	

94 - Activities

```
N Z N H O G F D Y M E A I G A M
I N T E R E S E S C F C T N S S
R E L A J A C I Ó N L T Z I C B
T Y M Z R R Z F N F E I D P L S
D O N A A F T B A W C V Z M R J
J J A C R L Z V K W T I T A X Y
H A U R U Í U K F S U D E C N B
W R W G T O N E E T R A R S J G
A D B Z S E T L L I A D T Z U F
T I R Q O M S I R E D N E S E M
M N I M C X R A X O Z V G Z G W
J E P E S C A B N Í C R D E O C
M R P L A C E R Í Í D I M T S S
R Í U D A D I L I B A H O I P S
O A C I M Á R E C A E W U V G Q
O D F O T O G R A F Í A S J P V
```

ACTIVIDAD
ARTE
CAMPING
CERÁMICA
ARTESANÍA
BAILE
PESCA
JUEGOS
JARDINERÍA
SENDERISMO

CAZA
INTERESES
OCIO
MAGIA
FOTOGRAFÍA
PLACER
LECTURA
RELAJACIÓN
COSTURA
HABILIDAD

95 - Business

```
A  H  Í  A  Í  C  N  A  C  R  E  M  D  W  E  T
P  R  E  S  U  P  U  E  S  T  O  H  D  M  M  G
T  O  S  E  R  G  N  I  I  O  Q  K  J  L  P  E
I  V  S  R  N  V  I  A  N  I  C  I  F  O  L  R
E  N  X  P  I  D  N  Y  W  V  C  L  N  S  E  E
N  Y  P  M  U  G  O  E  P  F  E  D  J  J  A  N
D  L  H  E  R  K  S  C  M  Y  M  R  E  Z  D  T
A  F  N  S  O  T  S  E  U  P  M  I  S  V  O  E
M  U  A  U  R  D  E  T  E  T  L  D  S  I  R  E
C  O  T  N  E  U  C  S  E  D  H  E  C  S  Ó  N
A  T  N  E  N  C  T  U  V  O  J  A  A  U  O  N
R  S  E  E  I  E  C  O  N  O  M  Í  A  D  Í  E
R  O  V  Í  D  R  Q  S  U  U  P  F  A  W  O  X
E  C  M  X  J  A  C  I  R  B  Á  F  S  W  E  Z
R  I  Í  A  Z  H  B  F  I  N  A  N  Z  A  S  V
A  C  W  C  O  G  W  P  L  I  N  I  Z  A  P  S
```

PRESUPUESTO   FINANZAS
CARRERA   INGRESO
EMPRESA   INVERSIÓN
COSTO   GERENTE
MONEDA   MERCANCÍA
DESCUENTO   DINERO
ECONOMÍA   OFICINA
EMPLEADO   VENTA
EMPLEADOR   TIENDA
FÁBRICA   IMPUESTOS

96 - The Company

```
C B N P N Ó I C A T N E S E R P
R R E R P R O F E S I O N A L O
E A G O E L P M E A D J N L Z S
A S O D B L V G Y H A P T I F I
T R C U W O Í L V V V J K N L B
I E I C F O S O G S E I R V V I
V P O T D S P B H M C B I S I L
O U Z O U O P A R A R E N E G I
H T B D Z S S L Z I O P Z D C D
T A A N C R C E D A D I L A C A
Y C I N D U S T R I A A M D W D
X I J E U C A C L G V B E I E A
P Ó V T O E T Y U K O O G N B I
S N G X D R R J B L N R B U V I
I N G R E S O S L W N X P T B M
I N V E R S I Ó N Ó I S I C E D
```

NEGOCIO
CREATIVO
DECISIÓN
EMPLEO
GLOBAL
INDUSTRIA
INNOVADOR
INVERSIÓN
POSIBILIDAD
PRESENTACIÓN

PRODUCTO
PROFESIONAL
PROGRESO
CALIDAD
REPUTACIÓN
RECURSOS
INGRESOS
RIESGOS
GENERAR
UNIDADES

97 - Literature

```
N X A R O F Á T E M D J I A S I
A Í U R C E P M P M S Í X N M P
R N T C K Q G J T O C I T É O P
R Ó O G O L Á I D Q E P Z C R V
A I R W N G Z Y Z V G M H D R M
D C O M P A R A C I Ó N A O L S
O C T C T K O Z C U C Y F T J A
R I E Q O R I M A Í G O L A N A
E F M K A N Ó I C P I R C S E D
L M A Z N U C S T Í W J G I P Y
E S T I L O A L E V O N K S G M
T R A G E D I A U Q U X T I D O
B I O G R A F Í A S W T C L H H
R I T M O C V G E Z I Y F Á B M
T A V A W T O I F R L Ó K N B B
I I U Í N I X G O F M E N A Y X
```

ANALOGÍA
ANÁLISIS
ANÉCDOTA
AUTOR
BIOGRAFÍA
COMPARACIÓN
CONCLUSIÓN
DESCRIPCIÓN
DIÁLOGO
FICCIÓN

METÁFORA
NARRADOR
NOVELA
POEMA
POÉTICO
RIMA
RITMO
ESTILO
TEMA
TRAGEDIA

98 - Geography

```
K  Z  I  I  P  E  Q  N  Ó  I  G  E  R  R  N  G
Q  I  E  H  R  O  I  O  N  A  I  D  I  R  E  M
P  A  Í  S  O  O  I  R  E  F  S  I  M  E  H  Q
Í  L  T  A  C  Í  I  T  C  T  Y  H  L  T  Y  I
W  S  J  B  É  T  R  E  R  L  S  L  G  N  Y  Q
Y  I  Q  Q  A  P  A  M  H  D  A  E  Z  E  A  T
C  V  Q  Q  N  P  G  S  J  Y  V  U  O  N  T  T
A  L  B  O  O  D  N  U  M  U  R  V  L  I  L  M
Ñ  L  P  R  F  G  U  C  S  N  Y  H  A  T  A  A
A  L  T  I  T  U  D  A  D  U  I  C  T  N  S  R
T  E  R  R  I  T  O  R  I  O  R  X  I  O  O  U
N  I  E  U  R  O  N  I  O  D  K  X  T  C  X  J
O  K  J  X  V  D  C  V  H  Í  L  B  U  G  C  C
M  U  R  J  M  O  V  B  L  C  Q  E  D  A  B  Y
D  Í  U  D  C  K  J  D  Y  B  C  C  L  F  G  F
N  U  H  B  D  A  E  P  S  F  M  J  L  Í  F  D
```

ALTITUD   MONTAÑA
ATLAS   NORTE
CIUDAD   OCÉANO
CONTINENTE   REGIÓN
PAÍS   RÍO
HEMISFERIO   MAR
ISLA   SUR
LATITUD   TERRITORIO
MAPA   OESTE
MERIDIANO   MUNDO

99 - Jazz

```
O Í C N V M S L E Í Q W C O A T
R A J V B J X E S T I L O O C P
Í T N Ó I C A S I V O R P M I P
E O N Ó I C N A C V J R A I N Y
I P A P I O P M A T O O T P C N
V O C A W C Z J F K A T S W É D
G V F P Y T I C O N C I E R T O
T A M B O R E S S C I S U A F V
A P L A U S O S O E S O Q R A E
U R E V D T J Y M P Ú P R T V U
R S O L I S J O A K M M O I O N
B T A O Y E A P F K I O Z S R X
Á L B U M F J N A P V C C T I A
É N F A S I S O M T I R Z A T X
Q D E U V N K T A L E N T O O G
N Q D S K J Q S D C O N E R S O
```

ÁLBUM	IMPROVISACIÓN
APLAUSO	MÚSICA
ARTISTA	NUEVO
COMPOSITOR	VIEJO
COMPOSICIÓN	ORQUESTA
CONCIERTO	RITMO
TAMBORES	CANCIÓN
ÉNFASIS	ESTILO
FAMOSO	TALENTO
FAVORITOS	TÉCNICA

100 - Nature

```
T R O P I C A L E Í A H S S G C
S F N L M P Z W E Í T W F A K B
A W E U Q S O B E K Z L O L C E
N K R J G R A Q M H S X B V A N
T Í E P A C Í F I C O N J A Í U
U M S B E L L E Z A D I E J D B
A X X E K O L Í T Z A E R E O E
R D V C L A F I G I L B O Í R S
I T I I Q A V O Y M I L S G Z I
O D T Q Q M C F C T A I L U S
J S A N H I R I F C N L Ó A F K
L G L M B T D T N Q A M N C N Y
Í V A D F P G R Y A C X R I H R
A B E J A S Y Á N M A Q Í A A B
F O L L A J E P G N B P P R Í C
D E S I E R T O C I M Á N I D D
```

ANIMALES	FOLLAJE
ÁRTICO	BOSQUE
BELLEZA	GLACIAR
ABEJAS	PACÍFICO
ACANTILADOS	RÍO
NUBES	SANTUARIO
DESIERTO	SERENO
DINÁMICO	TROPICAL
EROSIÓN	VITAL
NIEBLA	SALVAJE

1 - Antiques

2 - Food #1

3 - Measurements

4 - Farm #2

5 - Books

6 - Meditation

7 - Days and Months

8 - Energy

9 - Archeology

10 - Food #2

11 - Chemistry

12 - Music

13 - Family

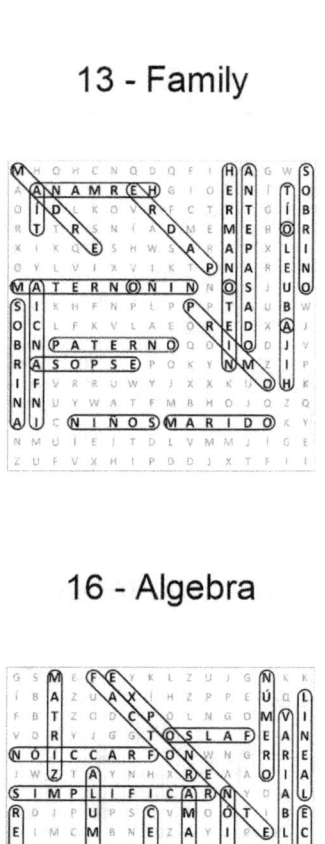

14 - Farm #1

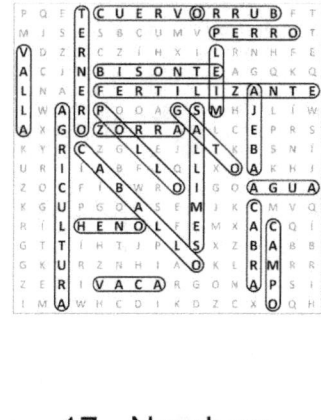

15 - Camping

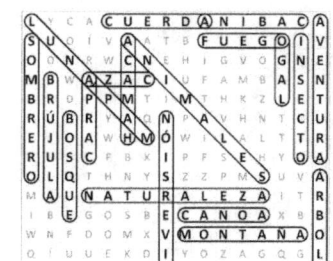

16 - Algebra

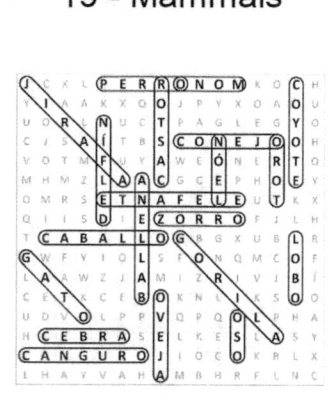

17 - Numbers

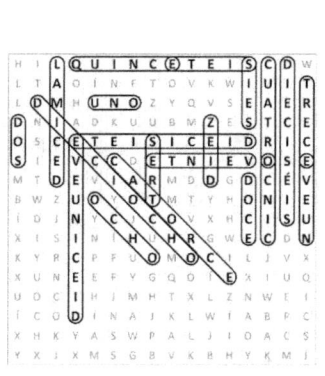

18 - Spices

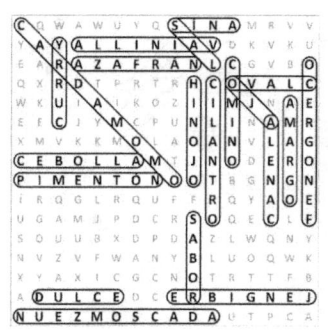

19 - Mammals

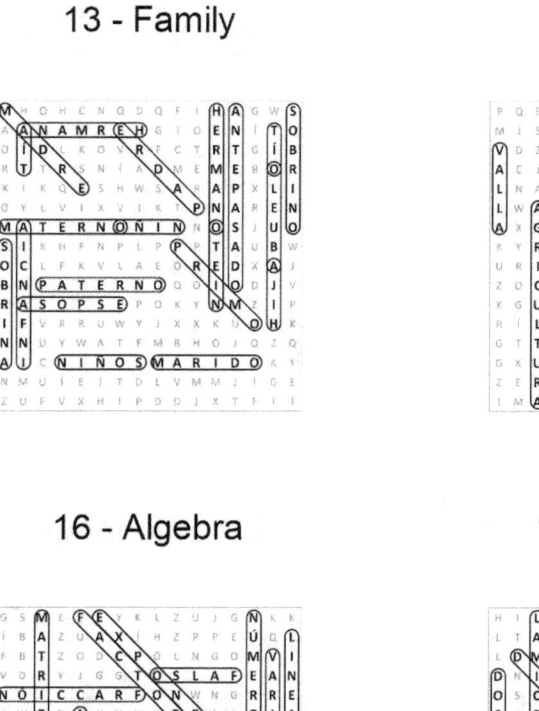

20 - Restaurant #1

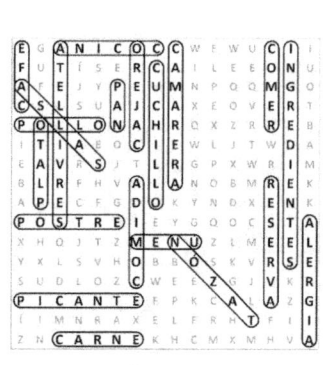

21 - Bees

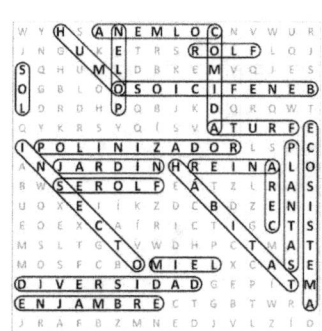

22 - Adventure

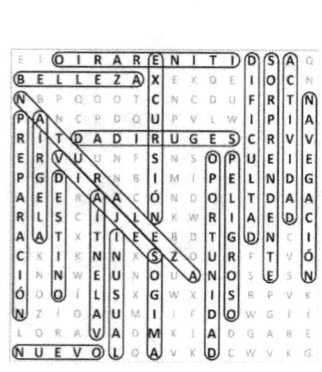

23 - Sport

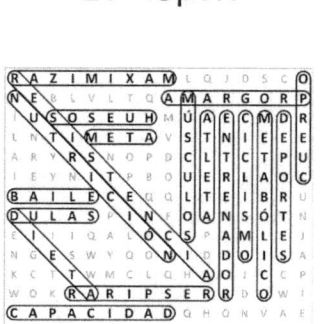

24 - Restaurant #2

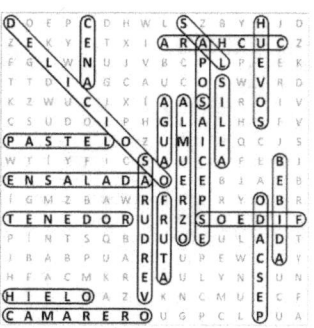

25 - Geology

26 - House

27 - Physics

28 - Dance

29 - Coffee

30 - Colors

31 - Shapes

32 - Scientific Disciplines

33 - Science

34 - Beauty

35 - Clothes

36 - Ethics

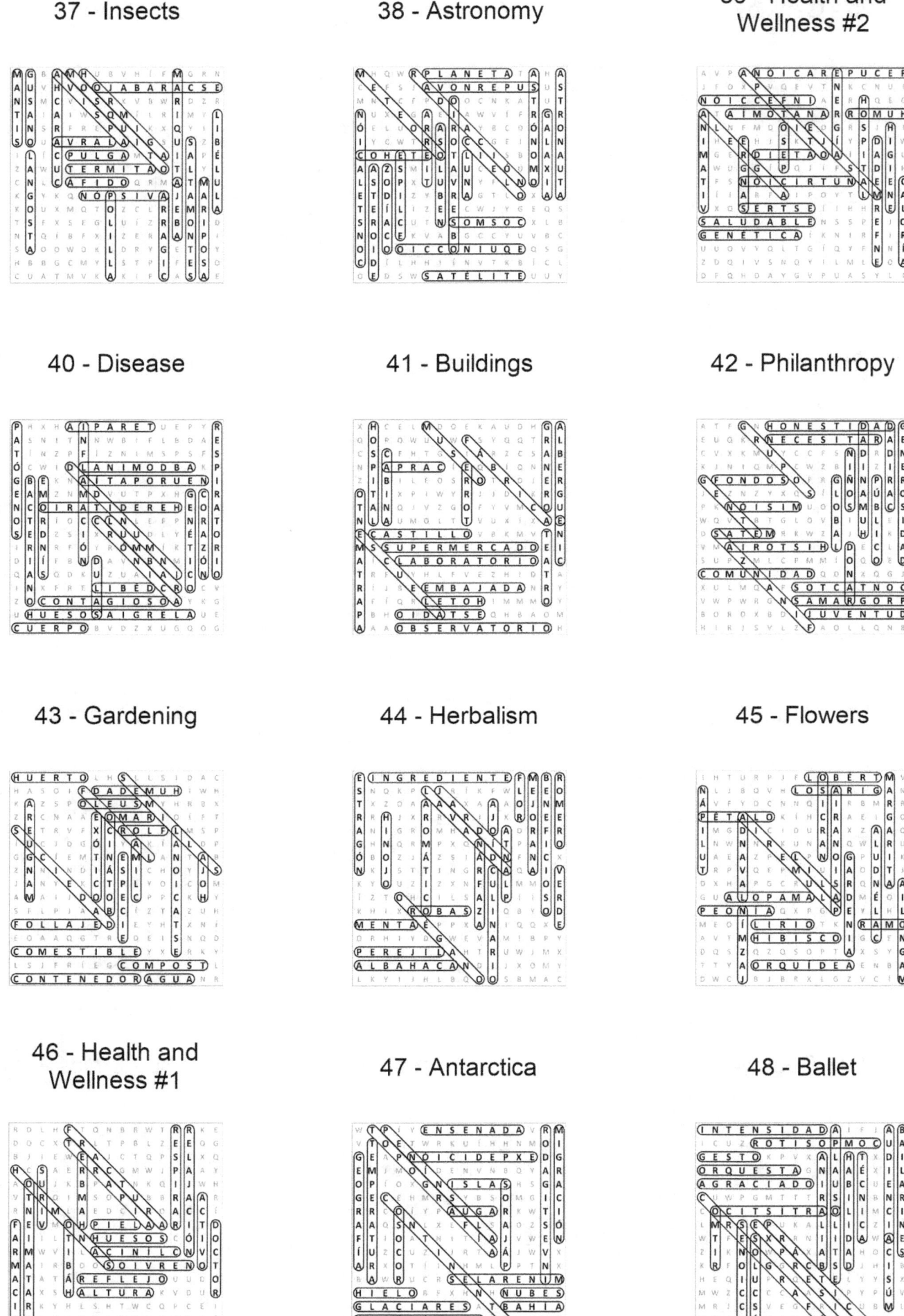

37 - Insects

38 - Astronomy

39 - Health and Wellness #2

40 - Disease

41 - Buildings

42 - Philanthropy

43 - Gardening

44 - Herbalism

45 - Flowers

46 - Health and Wellness #1

47 - Antarctica

48 - Ballet

49 - Fashion

50 - Human Body

51 - Musical Instruments

52 - Fruit

53 - Engineering

54 - Kitchen

55 - Government

56 - Art Supplies

57 - Science Fiction

58 - Geometry

59 - Creativity

60 - Airplanes

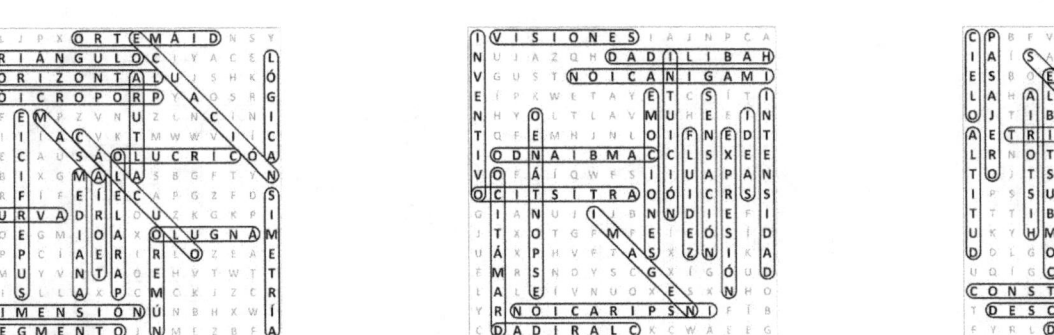

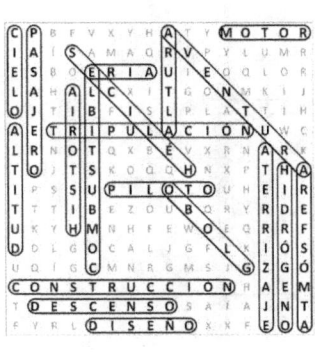

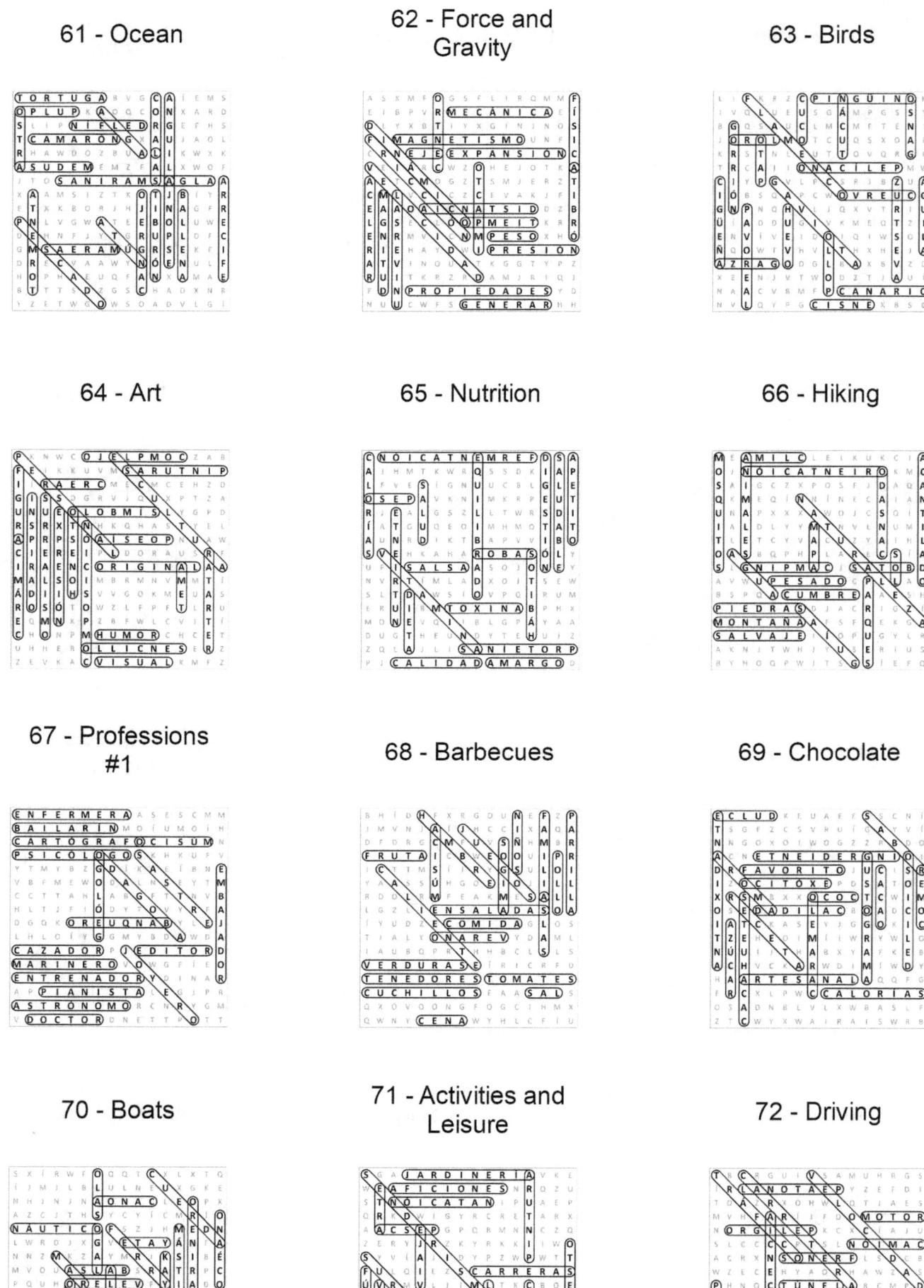

61 - Ocean

62 - Force and Gravity

63 - Birds

64 - Art

65 - Nutrition

66 - Hiking

67 - Professions #1

68 - Barbecues

69 - Chocolate

70 - Boats

71 - Activities and Leisure

72 - Driving

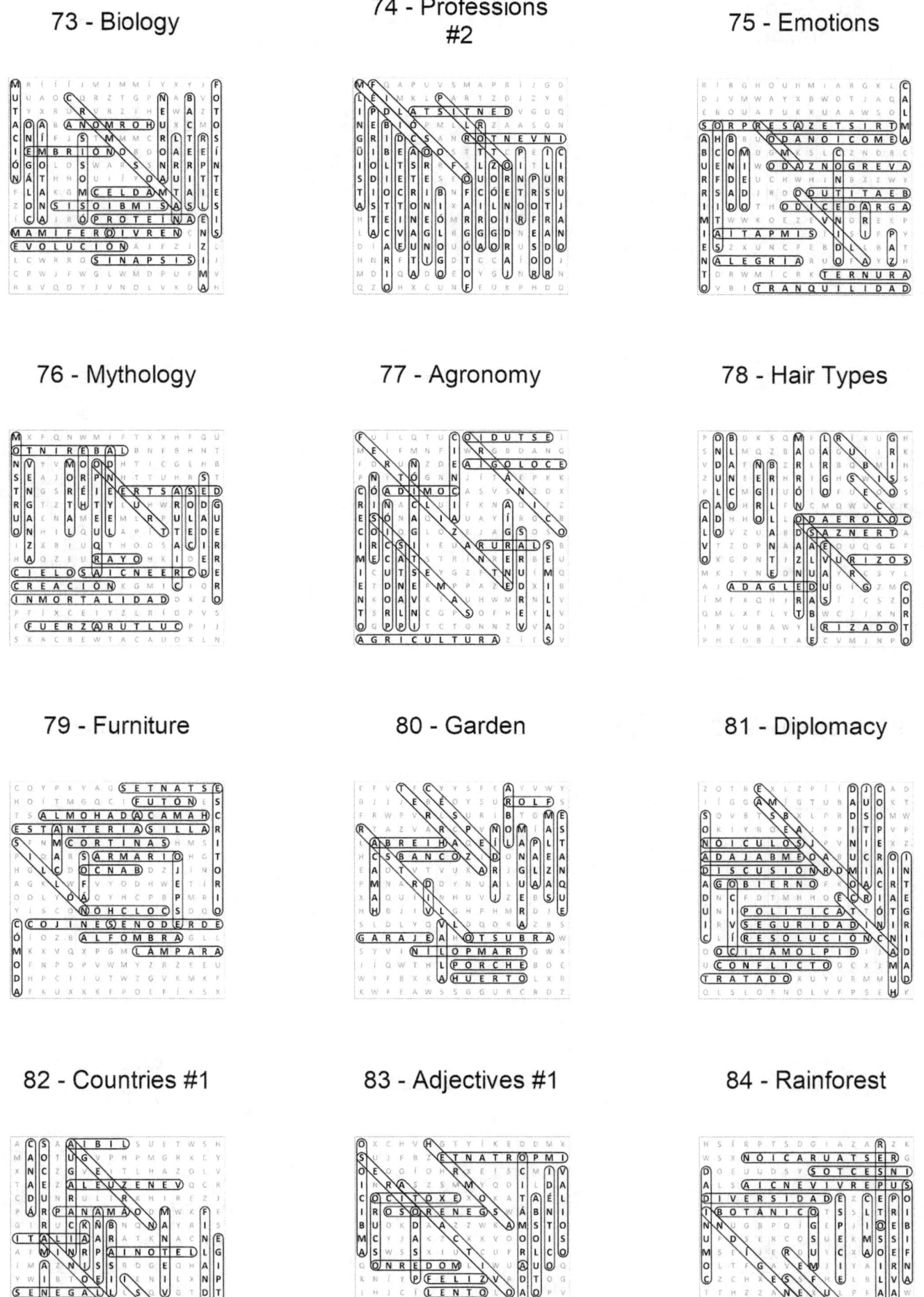

73 - Biology

74 - Professions #2

75 - Emotions

76 - Mythology

77 - Agronomy

78 - Hair Types

79 - Furniture

80 - Garden

81 - Diplomacy

82 - Countries #1

83 - Adjectives #1

84 - Rainforest

85 - Global Warming

86 - Landscapes

87 - Plants

88 - Boxing

89 - Countries #2

90 - Ecology

91 - Adjectives #2

92 - Psychology

93 - Math

94 - Activities

95 - Business

96 - The Company

97 - Literature

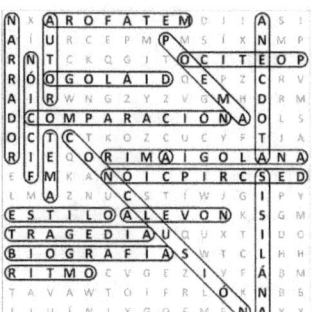

98 - Geography

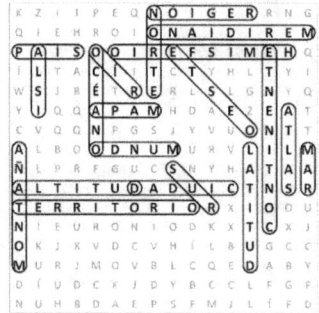

99 - Jazz

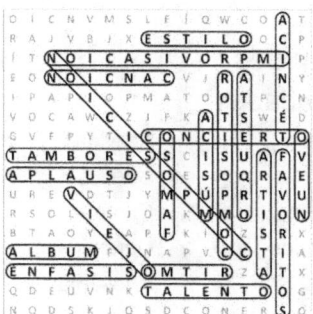

100 - Nature

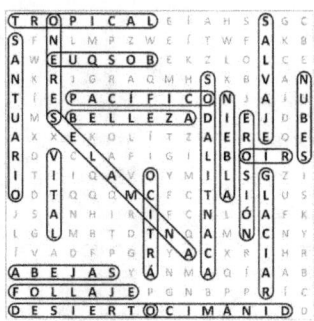

Dictionary

Activities
Actividades

Activity	Actividad
Art	Arte
Camping	Camping
Ceramics	Cerámica
Crafts	Artesanía
Dancing	Baile
Fishing	Pesca
Games	Juegos
Gardening	Jardinería
Hiking	Senderismo
Hunting	Caza
Interests	Intereses
Leisure	Ocio
Magic	Magia
Photography	Fotografía
Pleasure	Placer
Reading	Lectura
Relaxation	Relajación
Sewing	Costura
Skill	Habilidad

Activities and Leisure
Actividades y Ocio

Art	Arte
Baseball	Béisbol
Basketball	Baloncesto
Boxing	Boxeo
Camping	Camping
Diving	Buceo
Fishing	Pesca
Gardening	Jardinería
Golf	Golf
Hiking	Senderismo
Hobbies	Aficiones
Painting	Pintura
Racing	Carreras
Relaxing	Relajante
Soccer	Fútbol
Surfing	Surf
Swimming	Natación
Tennis	Tenis
Travel	Viaje
Volleyball	Voleibol

Adjectives #1
Adjetivos #1

Absolute	Absoluto
Ambitious	Ambicioso
Aromatic	Aromático
Artistic	Artístico
Attractive	Atractivo
Beautiful	Hermosa
Dark	Oscuro
Exotic	Exótico
Generous	Generoso
Happy	Feliz
Heavy	Pesado
Helpful	Útil
Honest	Honesto
Identical	Idéntico
Important	Importante
Modern	Moderno
Serious	Serio
Slow	Lento
Thin	Delgada
Valuable	Valioso

Adjectives #2
Adjetivos #2

Authentic	Auténtico
Creative	Creativo
Descriptive	Descriptivo
Dry	Seco
Elegant	Elegante
Famous	Famoso
Gifted	Dotado
Healthy	Saludable
Hot	Caliente
Hungry	Hambriento
Interesting	Interesante
Natural	Natural
New	Nuevo
Productive	Productivo
Proud	Orgulloso
Responsible	Responsable
Salty	Salado
Sleepy	Somnoliento
Strong	Fuerte
Wild	Salvaje

Adventure
Aventura

Activity	Actividad
Beauty	Belleza
Bravery	Valentía
Chance	Oportunidad
Dangerous	Peligroso
Destination	Destino
Difficulty	Dificultad
Enthusiasm	Entusiasmo
Excursion	Excursión
Friends	Amigos
Itinerary	Itinerario
Joy	Alegría
Nature	Naturaleza
Navigation	Navegación
New	Nuevo
Preparation	Preparación
Safety	Seguridad
Surprising	Sorprendente
Travels	Viajes
Unusual	Inusual

Agronomy
Agronomía

Agriculture	Agricultura
Diseases	Enfermedades
Ecology	Ecología
Energy	Energía
Erosion	Erosión
Fertilizer	Fertilizante
Food	Comida
Growth	Crecimiento
Organic	Orgánico
Plants	Plantas
Pollution	Contaminación
Production	Producción
Research	Investigación
Rural	Rural
Science	Ciencia
Seeds	Semillas
Study	Estudio
Systems	Sistemas
Vegetables	Verduras
Water	Agua

Airplanes
Aviones

Adventure	Aventura
Air	Aire
Altitude	Altitud
Atmosphere	Atmósfera
Balloon	Globo
Construction	Construcción
Crew	Tripulación
Descent	Descenso
Design	Diseño
Engine	Motor
Fuel	Combustible
Height	Altura
History	Historia
Hydrogen	Hidrógeno
Landing	Aterrizaje
Passenger	Pasajero
Pilot	Piloto
Propellers	Hélices
Sky	Cielo
Turbulence	Turbulencia

Algebra
Álgebra

Addition	Adición
Diagram	Diagrama
Division	División
Equation	Ecuación
Exponent	Exponente
Factor	Factor
False	Falso
Formula	Fórmula
Fraction	Fracción
Infinite	Infinito
Linear	Lineal
Matrix	Matriz
Number	Número
Parenthesis	Paréntesis
Problem	Problema
Simplify	Simplificar
Solution	Solución
Subtraction	Resta
Variable	Variable
Zero	Cero

Antarctica
Antártida

Bay	Bahía
Birds	Pájaros
Clouds	Nubes
Conservation	Conservación
Continent	Continente
Cove	Ensenada
Expedition	Expedición
Geography	Geografía
Glaciers	Glaciares
Ice	Hielo
Islands	Islas
Migration	Migración
Minerals	Minerales
Peninsula	Península
Researcher	Investigador
Rocky	Rocoso
Scientific	Científico
Temperature	Temperatura
Topography	Topografía
Water	Agua

Antiques
Antigüedades

Art	Arte
Auction	Subasta
Authentic	Auténtico
Century	Siglo
Coins	Monedas
Decades	Décadas
Decorative	Decorativo
Elegant	Elegante
Furniture	Mueble
Gallery	Galería
Investment	Inversión
Jewelry	Joyas
Old	Viejo
Price	Precio
Quality	Calidad
Restoration	Restauración
Sculpture	Escultura
Style	Estilo
To Sell	Vender
Unusual	Inusual

Archeology
Arqueología

Analysis	Análisis
Ancient	Antiguo
Antiquity	Antigüedad
Bones	Huesos
Civilization	Civilización
Descendant	Descendiente
Era	Era
Evaluation	Evaluación
Expert	Experto
Forgotten	Olvidado
Fossil	Fósil
Fragments	Fragmentos
Mystery	Misterio
Objects	Objetos
Relic	Reliquia
Researcher	Investigador
Team	Equipo
Temple	Templo
Tomb	Tumba
Unknown	Desconocido

Art
Arte

Ceramic	Cerámica
Complex	Complejo
Composition	Composición
Create	Crear
Expression	Expresión
Figure	Figura
Honest	Honesto
Inspired	Inspirado
Mood	Humor
Original	Original
Paintings	Pinturas
Personal	Personal
Poetry	Poesía
Portray	Retratar
Sculpture	Escultura
Simple	Sencillo
Subject	Tema
Surrealism	Surrealismo
Symbol	Símbolo
Visual	Visual

Art Supplies
Suministros de Arte

Acrylic	Acrílico
Brushes	Cepillos
Camera	Cámara
Chair	Silla
Charcoal	Carbón
Clay	Arcilla
Colors	Colores
Creativity	Creatividad
Easel	Caballete
Eraser	Borrador
Glue	Pegamento
Ideas	Ideas
Ink	Tinta
Oil	Aceite
Paints	Pinturas
Paper	Papel
Pencils	Lápices
Table	Mesa
Water	Agua
Watercolors	Acuarelas

Astronomy
Astronomía

Asteroid	Asteroide
Astronaut	Astronauta
Astronomer	Astrónomo
Constellation	Constelación
Cosmos	Cosmos
Earth	Tierra
Eclipse	Eclipse
Equinox	Equinoccio
Galaxy	Galaxia
Meteor	Meteoro
Moon	Luna
Nebula	Nebulosa
Observatory	Observatorio
Planet	Planeta
Radiation	Radiación
Rocket	Cohete
Satellite	Satélite
Sky	Cielo
Supernova	Supernova
Zodiac	Zodíaco

Ballet
Ballet

Applause	Aplauso
Artistic	Artístico
Audience	Audiencia
Ballerina	Bailarina
Choreography	Coreografía
Composer	Compositor
Dancers	Bailarines
Expressive	Expresivo
Gesture	Gesto
Graceful	Agraciado
Intensity	Intensidad
Lessons	Lecciones
Muscles	Músculos
Music	Música
Orchestra	Orquesta
Practice	Práctica
Rhythm	Ritmo
Skill	Habilidad
Style	Estilo
Technique	Técnica

Barbecues
Barbacoas

Chicken	Pollo
Children	Niños
Dinner	Cena
Family	Familia
Food	Comida
Forks	Tenedores
Friends	Amigos
Fruit	Fruta
Games	Juegos
Grill	Parrilla
Hot	Caliente
Hunger	Hambre
Knives	Cuchillos
Music	Música
Salads	Ensaladas
Salt	Sal
Sauce	Salsa
Summer	Verano
Tomatoes	Tomates
Vegetables	Verduras

Beauty
Belleza

Charm	Encanto
Color	Color
Cosmetics	Cosméticos
Curls	Rizos
Elegance	Elegancia
Elegant	Elegante
Fragrance	Fragancia
Grace	Gracia
Lipstick	Pintalabios
Makeup	Maquillaje
Mascara	Rímel
Mirror	Espejo
Oils	Aceites
Photogenic	Fotogénico
Products	Productos
Scissors	Tijeras
Services	Servicios
Shampoo	Champú
Skin	Piel
Stylist	Estilista

Bees
Abejas

Beneficial	Beneficioso
Blossom	Flor
Diversity	Diversidad
Ecosystem	Ecosistema
Flowers	Flores
Food	Comida
Fruit	Fruta
Garden	Jardín
Habitat	Hábitat
Hive	Colmena
Honey	Miel
Insect	Insecto
Plants	Plantas
Pollen	Polen
Pollinator	Polinizador
Queen	Reina
Smoke	Humo
Sun	Sol
Swarm	Enjambre
Wax	Cera

Biology
Biología

Anatomy	Anatomía
Bacteria	Bacterias
Cell	Celda
Chromosome	Cromosoma
Collagen	Colágeno
Embryo	Embrión
Enzyme	Enzima
Evolution	Evolución
Hormone	Hormona
Mammal	Mamífero
Mutation	Mutación
Natural	Natural
Nerve	Nervio
Neuron	Neurona
Osmosis	Ósmosis
Photosynthesis	Fotosíntesis
Protein	Proteína
Reptile	Reptil
Symbiosis	Simbiosis
Synapse	Sinapsis

Birds
Pájaros

Canary	Canario
Chicken	Pollo
Crow	Cuervo
Cuckoo	Cuco
Duck	Pato
Eagle	Águila
Egg	Huevo
Flamingo	Flamenco
Goose	Ganso
Gull	Gaviota
Heron	Garza
Ostrich	Avestruz
Parrot	Loro
Peacock	Pavo Real
Pelican	Pelícano
Penguin	Pingüino
Sparrow	Gorrión
Stork	Cigüeña
Swan	Cisne
Toucan	Tucán

Boats
Barcos

Anchor	Ancla
Buoy	Boya
Canoe	Canoa
Crew	Tripulación
Engine	Motor
Ferry	Ferry
Kayak	Kayak
Lake	Lago
Mast	Mástil
Nautical	Náutico
Ocean	Océano
Raft	Balsa
River	Río
Rope	Cuerda
Sailboat	Velero
Sailor	Marinero
Sea	Mar
Tide	Marea
Waves	Olas
Yacht	Yate

Books
Libros

Adventure	Aventura
Author	Autor
Collection	Colección
Context	Contexto
Duality	Dualidad
Epic	Epopeya
Historical	Histórico
Humorous	Humorístico
Inventive	Inventivo
Literary	Literario
Narrator	Narrador
Novel	Novela
Page	Página
Poem	Poema
Poetry	Poesía
Reader	Lector
Relevant	Pertinente
Story	Historia
Tragic	Trágico
Written	Escrito

Boxing
Boxeo

Bell	Campana
Body	Cuerpo
Chin	Barbilla
Corner	Esquina
Elbow	Codo
Exhausted	Exhausto
Fighter	Luchador
Fist	Puño
Focus	Centrar
Gloves	Guantes
Injuries	Lesiones
Kick	Patear
Opponent	Oponente
Points	Puntos
Quick	Rápido
Recovery	Recuperación
Referee	Árbitro
Ropes	Cuerdas
Skill	Habilidad
Strength	Fuerza

Buildings
Edificios

Apartment	Apartamento
Barn	Granero
Cabin	Cabina
Castle	Castillo
Cinema	Cine
Embassy	Embajada
Factory	Fábrica
Hospital	Hospital
Hostel	Albergue
Hotel	Hotel
Laboratory	Laboratorio
Museum	Museo
Observatory	Observatorio
School	Escuela
Stadium	Estadio
Supermarket	Supermercado
Tent	Carpa
Theater	Teatro
Tower	Torre
University	Universidad

Business
Negocio

Budget	Presupuesto
Career	Carrera
Company	Empresa
Cost	Costo
Currency	Moneda
Discount	Descuento
Economics	Economía
Employee	Empleado
Employer	Empleador
Factory	Fábrica
Finance	Finanzas
Income	Ingreso
Investment	Inversión
Manager	Gerente
Merchandise	Mercancía
Money	Dinero
Office	Oficina
Sale	Venta
Shop	Tienda
Taxes	Impuestos

Camping
Camping

Adventure	Aventura
Animals	Animales
Cabin	Cabina
Canoe	Canoa
Compass	Brújula
Fire	Fuego
Forest	Bosque
Fun	Diversión
Hammock	Hamaca
Hat	Sombrero
Hunting	Caza
Insect	Insecto
Lake	Lago
Map	Mapa
Moon	Luna
Mountain	Montaña
Nature	Naturaleza
Rope	Cuerda
Tent	Carpa
Trees	Árboles

Chemistry
Química

Acid	Ácido
Alkaline	Alcalino
Atomic	Atómico
Carbon	Carbono
Catalyst	Catalizador
Chlorine	Cloro
Electron	Electrón
Enzyme	Enzima
Gas	Gas
Heat	Calor
Hydrogen	Hidrógeno
Ion	Ion
Liquid	Líquido
Molecule	Molécula
Nuclear	Nuclear
Organic	Orgánico
Oxygen	Oxígeno
Salt	Sal
Temperature	Temperatura
Weight	Peso

Chocolate
Chocolate

Antioxidant	Antioxidante
Aroma	Aroma
Artisanal	Artesanal
Bitter	Amargo
Cacao	Cacao
Calories	Calorías
Caramel	Caramelo
Coconut	Coco
Delicious	Delicioso
Exotic	Exótico
Favorite	Favorito
Flavor	Sabor
Ingredient	Ingrediente
Peanuts	Cacahuetes
Quality	Calidad
Recipe	Receta
Sugar	Azúcar
Sweet	Dulce
Taste	Gusto
To Eat	Comer

Clothes
Ropa

Apron	Delantal
Belt	Cinturón
Blouse	Blusa
Bracelet	Pulsera
Coat	Abrigo
Dress	Vestido
Fashion	Moda
Gloves	Guantes
Hat	Sombrero
Jacket	Chaqueta
Jeans	Jeans
Jewelry	Joyas
Pajamas	Pijama
Pants	Pantalones
Sandals	Sandalias
Scarf	Bufanda
Shirt	Camisa
Shoe	Zapato
Skirt	Falda
Sweater	Suéter

Coffee
Café

Acidic	Ácido
Aroma	Aroma
Beverage	Bebida
Bitter	Amargo
Black	Negro
Caffeine	Cafeína
Cream	Crema
Cup	Taza
Filter	Filtro
Flavor	Sabor
Grind	Moler
Liquid	Líquido
Milk	Leche
Morning	Mañana
Origin	Origen
Price	Precio
Roasted	Asado
Sugar	Azúcar
To Drink	Beber
Water	Agua

Colors
Colores

Azure	Azur
Beige	Beige
Black	Negro
Blue	Azul
Brown	Marrón
Crimson	Carmesí
Cyan	Cian
Fuchsia	Fucsia
Green	Verde
Grey	Gris
Indigo	Índigo
Magenta	Magenta
Orange	Naranja
Pink	Rosa
Purple	Púrpura
Red	Rojo
Sepia	Sepia
Violet	Violeta
White	Blanco
Yellow	Amarillo

Countries #1
Países #1

Brazil	Brasil
Canada	Canadá
Egypt	Egipto
Finland	Finlandia
Germany	Alemania
Iraq	Irak
Israel	Israel
Italy	Italia
Latvia	Letonia
Libya	Libia
Morocco	Marruecos
Nicaragua	Nicaragua
Norway	Noruega
Panama	Panamá
Poland	Polonia
Romania	Rumania
Senegal	Senegal
Spain	España
Venezuela	Venezuela
Vietnam	Vietnam

Countries #2
Países #2

Albania	Albania
Denmark	Dinamarca
Ethiopia	Etiopía
Greece	Grecia
Haiti	Haití
Jamaica	Jamaica
Japan	Japón
Laos	Laos
Lebanon	Líbano
Liberia	Liberia
Mexico	México
Nepal	Nepal
Nigeria	Nigeria
Pakistan	Pakistán
Russia	Rusia
Somalia	Somalia
Sudan	Sudán
Syria	Siria
Uganda	Uganda
Ukraine	Ucrania

Creativity
Creatividad

Artistic	Artístico
Authenticity	Autenticidad
Changing	Cambiando
Clarity	Claridad
Dramatic	Dramático
Emotions	Emociones
Expression	Expresión
Fluidity	Fluidez
Ideas	Ideas
Image	Imagen
Imagination	Imaginación
Inspiration	Inspiración
Intensity	Intensidad
Intuition	Intuición
Inventive	Inventivo
Sensation	Sensación
Skill	Habilidad
Spontaneous	Espontáneo
Visions	Visiones
Vitality	Vitalidad

Dance
Baile

Academy	Academia
Art	Arte
Body	Cuerpo
Choreography	Coreografía
Classical	Clásico
Cultural	Cultural
Culture	Cultura
Emotion	Emoción
Expressive	Expresivo
Grace	Gracia
Joyful	Alegre
Jump	Saltar
Movement	Movimiento
Music	Música
Partner	Socio
Posture	Postura
Rehearsal	Ensayo
Rhythm	Ritmo
Traditional	Tradicional
Visual	Visual

Days and Months
Días y Meses

April	Abril
August	Agosto
Calendar	Calendario
February	Febrero
Friday	Viernes
January	Enero
July	Julio
March	Marzo
Monday	Lunes
Month	Mes
November	Noviembre
October	Octubre
Saturday	Sábado
September	Septiembre
Sunday	Domingo
Thursday	Jueves
Tuesday	Martes
Wednesday	Miércoles
Week	Semana
Year	Año

Diplomacy
Diplomacia

Adviser	Asesor
Ambassador	Embajador
Citizens	Ciudadanos
Civic	Cívico
Community	Comunidad
Conflict	Conflicto
Cooperation	Cooperación
Diplomatic	Diplomático
Discussion	Discusión
Embassy	Embajada
Ethics	Ética
Government	Gobierno
Humanitarian	Humanitario
Integrity	Integridad
Justice	Justicia
Politics	Política
Resolution	Resolución
Security	Seguridad
Solution	Solución
Treaty	Tratado

Disease
Enfermedad

Abdominal	Abdominal
Allergies	Alergias
Bacterial	Bacteriano
Body	Cuerpo
Bones	Huesos
Chronic	Crónica
Contagious	Contagioso
Genetic	Genético
Health	Salud
Heart	Corazón
Hereditary	Hereditario
Immunity	Inmunidad
Inflammation	Inflamación
Lumbar	Lumbar
Neuropathy	Neuropatía
Pathogens	Patógenos
Respiratory	Respiratorio
Syndrome	Síndrome
Therapy	Terapia
Weak	Débil

Driving
Conduciendo

Accident	Accidente
Brakes	Frenos
Car	Coche
Danger	Peligro
Driver	Conductor
Fuel	Combustible
Garage	Garaje
Gas	Gas
License	Licencia
Map	Mapa
Motor	Motor
Motorcycle	Motocicleta
Pedestrian	Peatonal
Police	Policía
Road	Carretera
Safety	Seguridad
Speed	Velocidad
Traffic	Tráfico
Truck	Camión
Tunnel	Túnel

Ecology
Ecología

Climate	Clima
Communities	Comunidades
Diversity	Diversidad
Drought	Sequía
Fauna	Fauna
Flora	Flora
Global	Global
Habitat	Hábitat
Marine	Marino
Marsh	Pantano
Mountains	Montañas
Natural	Natural
Nature	Naturaleza
Plants	Plantas
Resources	Recursos
Species	Especie
Survival	Supervivencia
Sustainable	Sostenible
Vegetation	Vegetación
Volunteers	Voluntarios

Emotions
Emociones

Anger	Ira
Bliss	Beatitud
Boredom	Aburrimiento
Calm	Calma
Content	Contenido
Embarrassed	Avergonzado
Excited	Emocionado
Fear	Miedo
Grateful	Agradecido
Joy	Alegría
Kindness	Bondad
Love	Amor
Peace	Paz
Relief	Alivio
Sadness	Tristeza
Satisfied	Satisfecho
Surprise	Sorpresa
Sympathy	Simpatía
Tenderness	Ternura
Tranquility	Tranquilidad

Energy
Energía

Battery	Batería
Carbon	Carbono
Diesel	Diesel
Electric	Eléctrico
Electron	Electrón
Entropy	Entropía
Fuel	Combustible
Gasoline	Gasolina
Heat	Calor
Hydrogen	Hidrógeno
Industry	Industria
Motor	Motor
Nuclear	Nuclear
Photon	Fotón
Pollution	Contaminación
Renewable	Renovable
Steam	Vapor
Sun	Sol
Turbine	Turbina
Wind	Viento

Engineering
Ingeniería

Angle	Ángulo
Axis	Eje
Calculation	Cálculo
Construction	Construcción
Depth	Profundidad
Diagram	Diagrama
Diameter	Diámetro
Diesel	Diesel
Distribution	Distribución
Energy	Energía
Gears	Engranajes
Levers	Palancas
Liquid	Líquido
Machine	Máquina
Measurement	Medición
Motor	Motor
Propulsion	Propulsión
Stability	Estabilidad
Strength	Fuerza
Structure	Estructura

Ethics
Ética

Altruism	Altruismo
Benevolent	Benevolente
Compassion	Compasión
Cooperation	Cooperación
Dignity	Dignidad
Diplomatic	Diplomático
Honesty	Honestidad
Humanity	Humanidad
Integrity	Integridad
Kindness	Bondad
Optimism	Optimismo
Patience	Paciencia
Philosophy	Filosofía
Rationality	Racionalidad
Realism	Realismo
Reasonable	Razonable
Respectful	Respetuoso
Tolerance	Tolerancia
Values	Valores
Wisdom	Sabiduría

Family
Familia

Ancestor	Antepasado
Aunt	Tía
Brother	Hermano
Child	Niño
Childhood	Infancia
Children	Niños
Cousin	Primo
Daughter	Hija
Father	Padre
Grandfather	Abuelo
Grandson	Nieto
Husband	Marido
Maternal	Materno
Mother	Madre
Nephew	Sobrino
Niece	Sobrina
Paternal	Paterno
Sister	Hermana
Uncle	Tío
Wife	Esposa

Farm #1
Granja #1

Agriculture	Agricultura
Bee	Abeja
Bison	Bisonte
Calf	Ternero
Cat	Gato
Chicken	Pollo
Cow	Vaca
Crow	Cuervo
Dog	Perro
Donkey	Burro
Fence	Valla
Fertilizer	Fertilizante
Field	Campo
Goat	Cabra
Hay	Heno
Honey	Miel
Horse	Caballo
Rice	Arroz
Seeds	Semillas
Water	Agua

Farm #2
Granja #2

Animals	Animales
Barley	Cebada
Barn	Granero
Corn	Maíz
Duck	Pato
Farmer	Agricultor
Food	Comida
Fruit	Fruta
Irrigation	Riego
Lamb	Cordero
Llama	Llama
Meadow	Prado
Milk	Leche
Orchard	Huerto
Sheep	Oveja
To Grow	Crecer
Tractor	Tractor
Vegetable	Vegetal
Wheat	Trigo
Windmill	Molino

Fashion
Moda

Affordable	Asequible
Boutique	Boutique
Buttons	Botones
Clothing	Ropa
Elegant	Elegante
Embroidery	Bordado
Expensive	Caro
Fabric	Tejido
Lace	Encaje
Measurements	Mediciones
Minimalist	Minimalista
Modern	Moderno
Modest	Modesto
Original	Original
Pattern	Patrón
Practical	Práctico
Simple	Sencillo
Style	Estilo
Texture	Textura
Trend	Tendencia

Flowers
Flores

Bouquet	Ramo
Calendula	Caléndula
Clover	Trébol
Daffodil	Narciso
Daisy	Margarita
Gardenia	Gardenia
Hibiscus	Hibisco
Jasmine	Jazmín
Lavender	Lavanda
Lilac	Lila
Lily	Lirio
Magnolia	Magnolia
Orchid	Orquídea
Passionflower	Pasionaria
Peony	Peonía
Petal	Pétalo
Plumeria	Plumeria
Poppy	Amapola
Sunflower	Girasol
Tulip	Tulipán

Food #1
Comida #1

Apricot	Albaricoque
Barley	Cebada
Basil	Albahaca
Carrot	Zanahoria
Cinnamon	Canela
Garlic	Ajo
Juice	Jugo
Lemon	Limón
Milk	Leche
Onion	Cebolla
Peanut	Maní
Pear	Pera
Salad	Ensalada
Salt	Sal
Soup	Sopa
Spinach	Espinacas
Strawberry	Fresa
Sugar	Azúcar
Tuna	Atún
Turnip	Nabo

Food #2
Comida #2

Apple	Manzana
Artichoke	Alcachofa
Banana	Plátano
Broccoli	Brócoli
Celery	Apio
Cheese	Queso
Cherry	Cereza
Chicken	Pollo
Chocolate	Chocolate
Egg	Huevo
Eggplant	Berenjena
Fish	Pescado
Grape	Uva
Ham	Jamón
Kiwi	Kiwi
Mushroom	Seta
Rice	Arroz
Tomato	Tomate
Wheat	Trigo
Yogurt	Yogur

Force and Gravity
Fuerza y Gravedad

Axis	Eje
Center	Centro
Distance	Distancia
Dynamic	Dinámico
Expansion	Expansión
Friction	Fricción
Impact	Impacto
Magnetism	Magnetismo
Magnitude	Magnitud
Mechanics	Mecánica
Orbit	Órbita
Physics	Física
Pressure	Presión
Properties	Propiedades
Speed	Velocidad
Time	Tiempo
To Accelerate	Acelerar
To Generate	Generar
Universal	Universal
Weight	Peso

Fruit
Fruta

Apple	Manzana
Apricot	Albaricoque
Avocado	Aguacate
Banana	Plátano
Berry	Baya
Cherry	Cereza
Coconut	Coco
Fig	Higo
Grape	Uva
Guava	Guayaba
Kiwi	Kiwi
Lemon	Limón
Mango	Mango
Melon	Melón
Nectarine	Nectarina
Papaya	Papaya
Peach	Melocotón
Pear	Pera
Pineapple	Piña
Raspberry	Frambuesa

Furniture
Mueble

Armchair	Sillón
Armoire	Armario
Bed	Cama
Bench	Banco
Bookcase	Estantería
Chair	Silla
Comforters	Edredones
Couch	Sofá
Curtains	Cortinas
Cushions	Cojines
Desk	Escritorio
Dresser	Cómoda
Futon	Futón
Hammock	Hamaca
Lamp	Lámpara
Mattress	Colchón
Mirror	Espejo
Pillow	Almohada
Rug	Alfombra
Shelves	Estantes

Garden
Jardín

Bench	Banco
Bush	Arbusto
Fence	Valla
Flower	Flor
Garage	Garaje
Garden	Jardín
Grass	Hierba
Hammock	Hamaca
Hose	Manguera
Lawn	Césped
Orchard	Huerto
Pond	Estanque
Porch	Porche
Rake	Rastrillo
Shovel	Pala
Terrace	Terraza
Trampoline	Trampolín
Tree	Árbol
Vine	Vid
Weeds	Malezas

Gardening
Jardinería

Blossom	Flor
Botanical	Botánico
Bouquet	Ramo
Climate	Clima
Compost	Compost
Container	Contenedor
Dirt	Suciedad
Edible	Comestible
Exotic	Exótico
Floral	Floral
Foliage	Follaje
Hose	Manguera
Leaf	Hoja
Moisture	Humedad
Orchard	Huerto
Seasonal	Estacional
Seeds	Semillas
Soil	Suelo
Species	Especie
Water	Agua

Geography
Geografía

Altitude	Altitud
Atlas	Atlas
City	Ciudad
Continent	Continente
Country	País
Hemisphere	Hemisferio
Island	Isla
Latitude	Latitud
Map	Mapa
Meridian	Meridiano
Mountain	Montaña
North	Norte
Ocean	Océano
Region	Región
River	Río
Sea	Mar
South	Sur
Territory	Territorio
West	Oeste
World	Mundo

Geology
Geología

Acid	Ácido
Calcium	Calcio
Cavern	Caverna
Continent	Continente
Coral	Coral
Crystals	Cristales
Cycles	Ciclos
Earthquake	Terremoto
Erosion	Erosión
Fossil	Fósil
Geyser	Géiser
Lava	Lava
Layer	Capa
Minerals	Minerales
Plateau	Meseta
Quartz	Cuarzo
Salt	Sal
Stalactite	Estalactita
Stone	Piedra
Volcano	Volcán

Geometry
Geometría

Angle	Ángulo
Calculation	Cálculo
Circle	Círculo
Curve	Curva
Diameter	Diámetro
Dimension	Dimensión
Equation	Ecuación
Height	Altura
Horizontal	Horizontal
Logic	Lógica
Mass	Masa
Median	Mediana
Number	Número
Parallel	Paralelo
Proportion	Proporción
Segment	Segmento
Surface	Superficie
Symmetry	Simetría
Theory	Teoría
Triangle	Triángulo

Global Warming
Calentamiento Global

Arctic	Ártico
Attention	Atención
Climate	Clima
Crisis	Crisis
Data	Datos
Development	Desarrollo
Energy	Energía
Environmental	Ambiental
Future	Futuro
Gas	Gas
Generations	Generaciones
Government	Gobierno
Habitats	Hábitats
Industry	Industria
International	Internacional
Legislation	Legislación
Now	Ahora
Populations	Poblaciones
Scientist	Científico
Temperatures	Temperaturas

Government
Gobierno

Citizenship	Ciudadanía
Civil	Civil
Constitution	Constitución
Democracy	Democracia
Discussion	Discusión
District	Distrito
Equality	Igualdad
Independence	Independencia
Judicial	Judicial
Justice	Justicia
Law	Ley
Leader	Líder
Liberty	Libertad
Monument	Monumento
Nation	Nación
Peaceful	Pacífico
Politics	Política
Speech	Discurso
State	Estado
Symbol	Símbolo

Hair Types
Tipos de Cabello

Bald	Calvo
Black	Negro
Blond	Rubio
Braided	Trenzado
Braids	Trenzas
Brown	Marrón
Colored	Coloreado
Curls	Rizos
Curly	Rizado
Dry	Seco
Gray	Gris
Healthy	Saludable
Long	Largo
Shiny	Brillante
Short	Corto
Soft	Suave
Thick	Grueso
Thin	Delgada
Wavy	Ondulado
White	Blanco

Health and Wellness #1
Salud y Bienestar #1

Active	Activo
Bacteria	Bacterias
Bones	Huesos
Clinic	Clínica
Doctor	Doctor
Fracture	Fractura
Habit	Hábito
Height	Altura
Hormones	Hormonas
Hunger	Hambre
Muscles	Músculos
Nerves	Nervios
Pharmacy	Farmacia
Reflex	Reflejo
Relaxation	Relajación
Skin	Piel
Therapy	Terapia
To Breathe	Respirar
Treatment	Tratamiento
Virus	Virus

Health and Wellness #2
Salud y Bienestar #2

Allergy	Alergia
Anatomy	Anatomía
Appetite	Apetito
Blood	Sangre
Calorie	Caloría
Diet	Dieta
Disease	Enfermedad
Energy	Energía
Genetics	Genética
Healthy	Saludable
Hospital	Hospital
Hygiene	Higiene
Infection	Infección
Massage	Masaje
Mood	Humor
Nutrition	Nutrición
Recovery	Recuperación
Stress	Estrés
Vitamin	Vitamina
Weight	Peso

Herbalism
Herboristería

Aromatic	Aromático
Basil	Albahaca
Beneficial	Beneficioso
Culinary	Culinario
Fennel	Hinojo
Flavor	Sabor
Flower	Flor
Garden	Jardín
Garlic	Ajo
Green	Verde
Ingredient	Ingrediente
Lavender	Lavanda
Marjoram	Mejorana
Mint	Menta
Oregano	Orégano
Parsley	Perejil
Plant	Planta
Rosemary	Romero
Saffron	Azafrán
Tarragon	Estragón

Hiking
Senderismo

Animals	Animales
Boots	Botas
Camping	Camping
Cliff	Acantilado
Climate	Clima
Guides	Guías
Heavy	Pesado
Map	Mapa
Mosquitoes	Mosquitos
Mountain	Montaña
Nature	Naturaleza
Orientation	Orientación
Parks	Parques
Preparation	Preparación
Stones	Piedras
Summit	Cumbre
Sun	Sol
Tired	Cansado
Water	Agua
Wild	Salvaje

House
Casa

Attic	Ático
Broom	Escoba
Curtains	Cortinas
Door	Puerta
Fence	Valla
Fireplace	Chimenea
Floor	Piso
Furniture	Mueble
Garage	Garaje
Garden	Jardín
Keys	Llaves
Kitchen	Cocina
Lamp	Lámpara
Library	Biblioteca
Mirror	Espejo
Roof	Techo
Room	Habitación
Shower	Ducha
Wall	Pared
Window	Ventana

Human Body
Cuerpo Humano

Ankle	Tobillo
Blood	Sangre
Bones	Huesos
Brain	Cerebro
Chin	Barbilla
Ear	Oreja
Elbow	Codo
Face	Cara
Finger	Dedo
Hand	Mano
Head	Cabeza
Heart	Corazón
Jaw	Mandíbula
Knee	Rodilla
Leg	Pierna
Mouth	Boca
Neck	Cuello
Nose	Nariz
Shoulder	Hombro
Skin	Piel

Insects
Insectos

Ant	Hormiga
Aphid	Áfido
Bee	Abeja
Beetle	Escarabajo
Butterfly	Mariposa
Cicada	Cigarra
Cockroach	Cucaracha
Dragonfly	Libélula
Flea	Pulga
Grasshopper	Saltamontes
Hornet	Avispón
Ladybug	Mariquita
Larva	Larva
Locust	Langosta
Mantis	Mantis
Mosquito	Mosquito
Moth	Polilla
Termite	Termita
Wasp	Avispa
Worm	Gusano

Jazz
Jazz

Album	Álbum
Applause	Aplauso
Artist	Artista
Composer	Compositor
Composition	Composición
Concert	Concierto
Drums	Tambores
Emphasis	Énfasis
Famous	Famoso
Favorites	Favoritos
Improvisation	Improvisación
Music	Música
New	Nuevo
Old	Viejo
Orchestra	Orquesta
Rhythm	Ritmo
Song	Canción
Style	Estilo
Talent	Talento
Technique	Técnica

Kitchen
Cocina

Apron	Delantal
Bowl	Tazón
Chopsticks	Palillos
Cups	Tazas
Food	Comida
Forks	Tenedores
Freezer	Congelador
Grill	Parrilla
Jar	Tarro
Jug	Jarra
Kettle	Caldera
Knives	Cuchillos
Napkin	Servilleta
Oven	Horno
Recipe	Receta
Refrigerator	Refrigerador
Spices	Especias
Sponge	Esponja
Spoons	Cucharas
To Eat	Comer

Landscapes
Paisajes

Beach	Playa
Cave	Cueva
Desert	Desierto
Geyser	Géiser
Glacier	Glaciar
Hill	Colina
Iceberg	Iceberg
Island	Isla
Lake	Lago
Mountain	Montaña
Oasis	Oasis
Ocean	Océano
Peninsula	Península
River	Río
Sea	Mar
Swamp	Pantano
Tundra	Tundra
Valley	Valle
Volcano	Volcán
Waterfall	Cascada

Literature
Literatura

Analogy	Analogía
Analysis	Análisis
Anecdote	Anécdota
Author	Autor
Biography	Biografía
Comparison	Comparación
Conclusion	Conclusión
Description	Descripción
Dialogue	Diálogo
Fiction	Ficción
Metaphor	Metáfora
Narrator	Narrador
Novel	Novela
Poem	Poema
Poetic	Poético
Rhyme	Rima
Rhythm	Ritmo
Style	Estilo
Theme	Tema
Tragedy	Tragedia

Mammals
Mamíferos

Bear	Oso
Beaver	Castor
Bull	Toro
Cat	Gato
Coyote	Coyote
Dog	Perro
Dolphin	Delfín
Elephant	Elefante
Fox	Zorro
Giraffe	Jirafa
Gorilla	Gorila
Horse	Caballo
Kangaroo	Canguro
Lion	León
Monkey	Mono
Rabbit	Conejo
Sheep	Oveja
Whale	Ballena
Wolf	Lobo
Zebra	Cebra

Math
Matemáticas

Angles	Ángulos
Arithmetic	Aritmética
Decimal	Decimal
Diameter	Diámetro
Division	División
Equation	Ecuación
Exponent	Exponente
Fraction	Fracción
Geometry	Geometría
Numbers	Números
Parallel	Paralelo
Parallelogram	Paralelogramo
Perimeter	Perímetro
Polygon	Polígono
Radius	Radio
Rectangle	Rectángulo
Square	Cuadrado
Symmetry	Simetría
Triangle	Triángulo
Volume	Volumen

Measurements
Mediciones

Byte	Byte
Centimeter	Centímetro
Decimal	Decimal
Degree	Grado
Depth	Profundidad
Gram	Gramo
Height	Altura
Inch	Pulgada
Kilogram	Kilogramo
Kilometer	Kilómetro
Length	Longitud
Liter	Litro
Mass	Masa
Meter	Metro
Minute	Minuto
Ounce	Onza
Ton	Tonelada
Volume	Volumen
Weight	Peso
Width	Ancho

Meditation
Meditación

Acceptance	Aceptación
Awake	Despierto
Breathing	Respiración
Calm	Calma
Clarity	Claridad
Compassion	Compasión
Emotions	Emociones
Gratitude	Gratitud
Habits	Hábitos
Kindness	Bondad
Mental	Mental
Mind	Mente
Movement	Movimiento
Music	Música
Nature	Naturaleza
Peace	Paz
Perspective	Perspectiva
Silence	Silencio
Thoughts	Pensamientos
To Learn	Aprender

Music
Música

Album	Álbum
Ballad	Balada
Chorus	Coro
Classical	Clásico
Eclectic	Ecléctico
Harmonic	Armónico
Harmony	Armonía
Lyrical	Lírico
Melody	Melodía
Microphone	Micrófono
Musical	Musical
Musician	Músico
Opera	Ópera
Poetic	Poético
Recording	Grabación
Rhythm	Ritmo
Rhythmic	Rítmico
Sing	Cantar
Singer	Cantante
Vocal	Vocal

Musical Instruments
Instrumentos Musicales

Banjo	Banjo
Bassoon	Fagot
Cello	Violonchelo
Clarinet	Clarinete
Drum	Tambor
Drumsticks	Baquetas
Flute	Flauta
Gong	Gong
Guitar	Guitarra
Harp	Arpa
Mandolin	Mandolina
Marimba	Marimba
Oboe	Oboe
Percussion	Percusión
Piano	Piano
Saxophone	Saxofón
Tambourine	Pandereta
Trombone	Trombón
Trumpet	Trompeta
Violin	Violín

Mythology
Mitología

Archetype	Arquetipo
Beliefs	Creencias
Creation	Creación
Creature	Criatura
Culture	Cultura
Deities	Deidades
Disaster	Desastre
Heaven	Cielo
Hero	Héroe
Immortality	Inmortalidad
Jealousy	Celos
Labyrinth	Laberinto
Legend	Leyenda
Lightning	Rayo
Monster	Monstruo
Mortal	Mortal
Revenge	Venganza
Strength	Fuerza
Thunder	Trueno
Warrior	Guerrero

Nature
Naturaleza

Animals	Animales
Arctic	Ártico
Beauty	Belleza
Bees	Abejas
Cliffs	Acantilados
Clouds	Nubes
Desert	Desierto
Dynamic	Dinámico
Erosion	Erosión
Fog	Niebla
Foliage	Follaje
Forest	Bosque
Glacier	Glaciar
Peaceful	Pacífico
River	Río
Sanctuary	Santuario
Serene	Sereno
Tropical	Tropical
Vital	Vital
Wild	Salvaje

Numbers
Números

Decimal	Decimal
Eight	Ocho
Eighteen	Dieciocho
Fifteen	Quince
Five	Cinco
Four	Cuatro
Fourteen	Catorce
Nine	Nueve
Nineteen	Diecinueve
One	Uno
Seven	Siete
Seventeen	Diecisiete
Six	Seis
Sixteen	Dieciséis
Ten	Diez
Thirteen	Trece
Three	Tres
Twelve	Doce
Twenty	Veinte
Two	Dos

Nutrition
Nutrición

Appetite	Apetito
Balanced	Equilibrado
Bitter	Amargo
Calories	Calorías
Carbohydrates	Carbohidratos
Diet	Dieta
Digestion	Digestión
Edible	Comestible
Fermentation	Fermentación
Flavor	Sabor
Habits	Hábitos
Health	Salud
Healthy	Saludable
Nutrient	Nutriente
Proteins	Proteínas
Quality	Calidad
Sauce	Salsa
Toxin	Toxina
Vitamin	Vitamina
Weight	Peso

Ocean
Océano

Algae	Alga
Coral	Coral
Crab	Cangrejo
Dolphin	Delfín
Eel	Anguila
Fish	Pescado
Jellyfish	Medusa
Octopus	Pulpo
Oyster	Ostra
Reef	Arrecife
Salt	Sal
Seaweed	Algas Marinas
Shark	Tiburón
Shrimp	Camarón
Sponge	Esponja
Storm	Tormenta
Tides	Mareas
Tuna	Atún
Turtle	Tortuga
Whale	Ballena

Philanthropy
Filantropía

Charity	Caridad
Children	Niños
Community	Comunidad
Contacts	Contactos
Donate	Donar
Finance	Finanzas
Funds	Fondos
Generosity	Generosidad
Global	Global
Goals	Metas
Groups	Grupos
History	Historia
Honesty	Honestidad
Humanity	Humanidad
Mission	Misión
Need	Necesitar
People	Gente
Programs	Programas
Public	Público
Youth	Juventud

Physics
Física

Acceleration	Aceleración
Atom	Átomo
Chaos	Caos
Chemical	Químico
Density	Densidad
Electron	Electrón
Engine	Motor
Expansion	Expansión
Formula	Fórmula
Frequency	Frecuencia
Gas	Gas
Magnetism	Magnetismo
Mass	Masa
Mechanics	Mecánica
Molecule	Molécula
Nuclear	Nuclear
Particle	Partícula
Relativity	Relatividad
Universal	Universal
Velocity	Velocidad

Plants
Plantas

Bamboo	Bambú
Bean	Frijol
Berry	Baya
Botany	Botánica
Bush	Arbusto
Cactus	Cactus
Fertilizer	Fertilizante
Flora	Flora
Flower	Flor
Foliage	Follaje
Forest	Bosque
Garden	Jardín
Grass	Hierba
Ivy	Hiedra
Moss	Musgo
Petal	Pétalo
Root	Raíz
Stem	Tallo
Tree	Árbol
Vegetation	Vegetación

Professions #1
Profesiones #1

Ambassador	Embajador
Astronomer	Astrónomo
Attorney	Abogado
Banker	Banquero
Cartographer	Cartógrafo
Coach	Entrenador
Dancer	Bailarín
Doctor	Doctor
Editor	Editor
Geologist	Geólogo
Hunter	Cazador
Jeweler	Joyero
Musician	Músico
Nurse	Enfermera
Pianist	Pianista
Plumber	Fontanero
Psychologist	Psicólogo
Sailor	Marinero
Tailor	Sastre
Veterinarian	Veterinario

Professions #2
Profesiones #2

Astronaut	Astronauta
Biologist	Biólogo
Dentist	Dentista
Detective	Detective
Engineer	Ingeniero
Farmer	Agricultor
Gardener	Jardinero
Illustrator	Ilustrador
Inventor	Inventor
Journalist	Periodista
Librarian	Bibliotecario
Linguist	Lingüista
Painter	Pintor
Philosopher	Filósofo
Photographer	Fotógrafo
Physician	Médico
Pilot	Piloto
Surgeon	Cirujano
Teacher	Profesor
Zoologist	Zoólogo

Psychology
Psicología

Appointment	Cita
Assessment	Evaluación
Childhood	Infancia
Clinical	Clínico
Cognition	Cognición
Conflict	Conflicto
Dreams	Sueños
Ego	Ego
Emotions	Emociones
Experiences	Experiencias
Ideas	Ideas
Perception	Percepción
Personality	Personalidad
Problem	Problema
Reality	Realidad
Sensation	Sensación
Subconscious	Subconsciente
Therapy	Terapia
Thoughts	Pensamientos
Unconscious	Inconsciente

Rainforest
Selva Tropical

Amphibians	Anfibios
Birds	Pájaros
Botanical	Botánico
Climate	Clima
Clouds	Nubes
Community	Comunidad
Diversity	Diversidad
Indigenous	Indígena
Insects	Insectos
Jungle	Selva
Mammals	Mamíferos
Moss	Musgo
Nature	Naturaleza
Preservation	Preservación
Refuge	Refugio
Respect	Respeto
Restoration	Restauración
Species	Especie
Survival	Supervivencia
Valuable	Valioso

Restaurant #1
Restaurante #1

Allergy	Alergia
Bowl	Tazón
Bread	Pan
Cashier	Cajero
Chicken	Pollo
Coffee	Café
Dessert	Postre
Food	Comida
Ingredients	Ingredientes
Kitchen	Cocina
Knife	Cuchillo
Meat	Carne
Menu	Menú
Napkin	Servilleta
Plate	Plato
Reservation	Reserva
Sauce	Salsa
Spicy	Picante
To Eat	Comer
Waitress	Camarera

Restaurant #2
Restaurante #2

Beverage	Bebida
Cake	Pastel
Chair	Silla
Delicious	Delicioso
Dinner	Cena
Eggs	Huevos
Fish	Pescado
Fork	Tenedor
Fruit	Fruta
Ice	Hielo
Lunch	Almuerzo
Noodles	Fideos
Salad	Ensalada
Salt	Sal
Soup	Sopa
Spices	Especias
Spoon	Cuchara
Vegetables	Verduras
Waiter	Camarero
Water	Agua

Science
Ciencia

Atom	Átomo
Chemical	Químico
Climate	Clima
Data	Datos
Evolution	Evolución
Experiment	Experimento
Fact	Hecho
Fossil	Fósil
Gravity	Gravedad
Hypothesis	Hipótesis
Laboratory	Laboratorio
Method	Método
Minerals	Minerales
Molecules	Moléculas
Nature	Naturaleza
Organism	Organismo
Particles	Partículas
Physics	Física
Plants	Plantas
Scientist	Científico

Science Fiction
Ciencia Ficción

Atomic	Atómico
Books	Libros
Cinema	Cine
Clones	Clones
Dystopia	Distopía
Explosion	Explosión
Extreme	Extremo
Fantastic	Fantástico
Fire	Fuego
Futuristic	Futurista
Galaxy	Galaxia
Illusion	Ilusión
Imaginary	Imaginario
Mysterious	Misterioso
Oracle	Oráculo
Planet	Planeta
Robots	Robots
Technology	Tecnología
Utopia	Utopía
World	Mundo

Scientific Disciplines
Disciplinas Científicas

Anatomy	Anatomía
Archaeology	Arqueología
Astronomy	Astronomía
Biochemistry	Bioquímica
Biology	Biología
Botany	Botánica
Chemistry	Química
Ecology	Ecología
Geology	Geología
Immunology	Inmunología
Kinesiology	Kinesiología
Linguistics	Lingüística
Mechanics	Mecánica
Mineralogy	Mineralogía
Neurology	Neurología
Physiology	Fisiología
Psychology	Psicología
Sociology	Sociología
Thermodynamics	Termodinámica
Zoology	Zoología

Shapes
Formas

Arc	Arco
Circle	Círculo
Cone	Cono
Corner	Esquina
Cube	Cubo
Curve	Curva
Cylinder	Cilindro
Edges	Bordes
Ellipse	Elipse
Hyperbola	Hipérbola
Line	Línea
Oval	Oval
Polygon	Polígono
Prism	Prisma
Pyramid	Pirámide
Rectangle	Rectángulo
Side	Lado
Sphere	Esfera
Square	Cuadrado
Triangle	Triángulo

Spices
Especias

Anise	Anís
Bitter	Amargo
Cardamom	Cardamomo
Cinnamon	Canela
Clove	Clavo
Coriander	Cilantro
Cumin	Comino
Curry	Curry
Fennel	Hinojo
Fenugreek	Fenogreco
Flavor	Sabor
Garlic	Ajo
Ginger	Jengibre
Nutmeg	Nuez Moscada
Onion	Cebolla
Paprika	Pimentón
Saffron	Azafrán
Salt	Sal
Sweet	Dulce
Vanilla	Vainilla

Sport
Deporte

Ability	Capacidad
Athlete	Atleta
Body	Cuerpo
Bones	Huesos
Coach	Entrenador
Cycling	Ciclismo
Dancing	Baile
Diet	Dieta
Endurance	Resistencia
Goal	Meta
Health	Salud
Maximize	Maximizar
Metabolic	Metabólico
Muscles	Músculos
Nutrition	Nutrición
Program	Programa
Sports	Deportes
Strength	Fuerza
To Breathe	Respirar
To Swim	Nadar

The Company
La Empresa

Business	Negocio
Creative	Creativo
Decision	Decisión
Employment	Empleo
Global	Global
Industry	Industria
Innovative	Innovador
Investment	Inversión
Possibility	Posibilidad
Presentation	Presentación
Product	Producto
Professional	Profesional
Progress	Progreso
Quality	Calidad
Reputation	Reputación
Resources	Recursos
Revenue	Ingresos
Risks	Riesgos
To Generate	Generar
Units	Unidades

Congratulations

You made it!

We hope you enjoyed this book as much as we enjoyed making it. We do our best to make high quality games.
These puzzles are designed in a clever way for you to learn actively while having fun!

Did you love them?

A Simple Request

Our books exist thanks your reviews. Could you help us by leaving one now?

Here is a short link which will take you to your order review page:

BestBooksActivity.com/Review50

MONSTER CHALLENGE!

Challenge #1

Ready for Your Bonus Game? We use them all the time but they are not so easy to find. Here are **Synonyms**!

Note 5 words you discovered in each of the Puzzles noted below (#21, #36, #76) and try to find 2 synonyms for each word.

Note 5 Words from *Puzzle 21*

Words	Synonym 1	Synonym 2

Note 5 Words from *Puzzle 36*

Words	Synonym 1	Synonym 2

Note 5 Words from *Puzzle 76*

Words	Synonym 1	Synonym 2

Challenge #2

Now that you are warmed-up, note 5 words you discovered in each Puzzle
noted below (#9, #17, #25) and try to find 2 antonyms for each word.
How many lines can you do in 20 minutes?

Note 5 Words from **Puzzle 9**

Words	Antonym 1	Antonym 2

Note 5 Words from **Puzzle 17**

Words	Antonym 1	Antonym 2

Note 5 Words from **Puzzle 25**

Words	Antonym 1	Antonym 2

Challenge #3

Wonderful, this monster challenge is nothing to you!

Ready for the last one? Choose your 10 favorite words discovered in any of the Puzzles and note them below.

1.	6.
2.	7.
3.	8.
4.	9.
5.	10.

Now, using these words and within a maximum of six sentences, your challenge is to compose a text about a person, animal or place that you love!

Tip: You can use the last blank page of this book as a draft!

Your Writing:

Explore a Unique Store
Set Up **FOR YOU!**

NOTEBOOK:

SEE YOU SOON!

ENJOY
FREE
GAMES

NOW ON

↓

BESTACTIVITYBOOKS.COM/FREEGAMES